走進我的交易室

股・市・贏・家・交・易・全・攻・略・練・習・本

Study Guide for Come Into My Trading Room
A Complete Guide to Trading

亞歷山大・艾爾德　著

羅耀宗　譯

前言
交易全攻略

想想看，有多少人往股票、選擇權和期貨市場中砸錢，但其中或許僅有百分之一不到的人，會拿起一本交易書籍來讀。在這當中，又只有極少數人會學習和練習，或參加測驗。如果你能根據這本練習本紮紮實實地練習，為你的成績打分數，如果必要的話，反覆學習和重做其中一些測驗，你將成為掌握熟練交易技能的少數人中的一員。

坐在課堂上聽講，若有所悟地點點頭，以為自己已理解所有內容，這很容易做到。但要是一星期或一個月之後，有人向你提出一個關於那堂課中討論過的問題時，結果會如何？你能夠講得出答案嗎，還是早將所學拋諸腦後？

撰寫《走進我的交易室》耗費我三年的時間，而你可以花幾天就將它讀完。你會期望在閱讀一次後就獲取書中精華？還是會不斷重新翻閱、不停複習，並強化理解那些關鍵的章節和段落？我寫了這本練習本來幫助你掌握書中要點，指出容易忽略的地方，為的是幫助你進一步理解。

不要匆匆忙忙翻閱練習本，你要每次只做一章測驗題，並不斷回到前面複習，直到完全掌握那章的內容，之後再進行下一章

的測驗。如果你因此得花上幾星期的時間來完成練習本，那也沒關係，因為品質遠比速度重要。

本書架構

第一章「初生之犢」，測驗你關於交易的一些基本概念。它提及效率市場、資金規模、阻礙成功的因素，以及數據和分析方法。你可以用各章節的評分標準來自我評量。如果你的得分高，就可進行下一章節，但如果得分仍低，請翻閱前面章節內容、複習那些基本概念。

完成這些基本概念的練習後，你就可以進行成功交易三要素（3M）中第一個M——心智的練習。第二章的問題，涉及的是交易心理、失利的原因、交易態度，以及交易紀律。請根據評分標準進行評量，如果得分高，就進行下一章，否則就要回頭複習。很多聰明人都在交易中失敗，對於那些心態沒能跟上市場變化的人來說，沒有任何一種技術工具有用。

第二個M是方法，它涵蓋幾個章節。首先，基本走勢圖解讀技能，測驗你對傳統技術面分析的理解。再下一章談的是指標，涉及到移動平均線、通道、MACD、力度指數、艾爾德射線，以及隨機指標。再下一章談的就是交易，測驗的問題主要是系統測試、時間框架和三螢幕系統。如果你不做當日沖銷就可以略過第六章。第七章是關於書中提到的新方法——脈衝系統和安全區

停損設置法。

第三個M是資金控管，它是贏家和輸家的關鍵所在。這一章要測試你的2%和6%準則、數學期望值和部位大小。你要能答對每一道題，如果不能，請把書拿出來再複習。這一章你必須得到滿分才行！

最後，我們以「井然有序的交易人」這一章結束練習本。想成功，就要注意決策過程和紀錄保存。本章的問題主要針對的是紀錄保存的內容，如淨值曲線、交易紀錄以及交易日記。這些紀錄可以顯示出時間管理、優先順序，以及評估你的交易績效。

書中的圖不僅展示出分析的要點，也點出關鍵時刻該怎麼做的建議。交易訊號在圖中明顯可辨，但到了關鍵時刻又讓人覺得困難重重，那正是你需要在不確定的氛圍中做出交易決策的時刻。這本練習本的目的，就是訓練你在眾人賠錢或賺錢的關頭上做出決定。

你有充裕的時間可以一個一個做完這些問題和練習。有些問題也許較難，這時候你需要停下來認真地作答。演習或許會讓一個戰士感到疲累，但演訓的目的就是讓兵士變得更加強悍，使他能從戰場凱旋而歸。

PART 1
問題

第一章

初生之犢

　　交易極其嚴肅，一點也不亞於蓋房子或教授微積分。想要在投資市場上獲利，靠的不是聰明才智或點子多。你必須理解市場的運作，並具備分析和風險控管的能力。

　　做第一筆交易前，要先瞭解實務和準則。第一章要問的就是觀念題，請回答下列8個問題，在表格中記下得分。該表格一共有5欄，你可以重複測驗，作答後翻到答案部分核對，經由不斷練習，得知進步的狀況。

問題	第1試	第2試	第3試	第4試	第5試
1					
2					
3					
4					
5					
6					
7					
8					
總得分					

問題1—決策

將下列所描述的決策過程，與相符的交易人類型配對。

1. 某人在聚會上聽到一個明牌，隔天一早就買進那檔股票。

2. 某人在聚會上聽到一個明牌，隔天早上就針對該檔股票以及該檔股票所屬的產業進行研究。

3. 某人在聚會上聽到幾個人議論某檔股票後，用電腦分析這檔股票後決定放空。

4. 某人在電視上看到知名投資人在受訪時推薦某檔股票，就進場買進該檔股票。

5. 某人在一家高科技公司獲利不理想的報告出爐後，隔天先觀察該公司股票的線圖，看看市場對報告反應如何。

6. 某人接到一通電話，在「雞蛋水餃股」（penny stock）公司工作的親友跟他透露，有家公司在技術上有重大突破，但消息尚未向大眾披露，他隨後就買進該公司股票。

A. 投資者

B. 交易人

C. 賭徒

問題2—效率市場理論

下列關於效率市場的論述中，哪些正確、哪些錯誤？

1. 所有交易人都專注於將利潤最大化、損失最小化。
2. 所有單筆交易的結果，多半取決於運氣。
3. 某個交易人在經過一年積極交易後帳戶淨值增加，是因為他很幸運。
4. 在交易室中與一群人一起做出的決定，會比較客觀。
5. 當市場震盪幅度變小，市場變得更有效率。

問題3—交易選擇

將下列陳述及與其對應的交易術語相配。

1. 發現這些點，是交易中最困難的部分。
2. 當漲勢凌厲時買進、上漲速度放緩時賣出。
3. 這要事先計畫好，除非有所準備，否則不要追逐市場。
4. 這是交易中最常遭到忽略的面向。
5. 當下跌的價格回到先前行情區間的下檔時買入，當價格回到先前區間的上檔時賣出。

A. 反趨勢交易
B. 進場點
C. 資金控管
D. 動能交易
E. 出場點

問題4──股票、選擇權和期貨

請選出一個（或多個）與下列句子相符的金融商品。

1. 買入者必須正確預測商品價格以及行情出現的時間。

2. 它可以證明你是公司股東。

3. 資金控管是成功的關鍵。

4. 這是一個約定未來交易的合約。

5. 可以賤買，但不可以買跌。

A. 股票

B. 期貨

C. 選擇權

問題5──成功的障礙

請選出一個（或多個）與下列句子相符的外部障礙。

1. 它對你資金帳戶的影響，大過市場的趨勢。

2. 必須嚴格控管，讓它僅占資金帳戶中的微小比例。

3. 這是指你下單時的價格與實際成交時的價格差異。

4. 它占你資金中的百分比微不足道。

5. 這是入市不可避免的成本。

A. 交易手續費

B. 滑價

C. 費用

D. 以上皆非

問題6──資金規模

下列5個交易人在買賣股票時都會停損、技術也差不多，但哪一個比較可能創造高獲利率？

1. 資金5萬美元，單筆交易的停損金額為5,000美元。

2. 資金1.5萬美元，單筆交易的停損金額為1,500美元。

3. 資金25萬美元，單筆交易的停損金額為5萬美元。

4. 資金5萬美元，單筆交易的停損金額為1,000美元。

5. 資金25萬美元，單筆交易的停損金額為5,000美元。

問題7──市場資訊

下列敘述何者為真？

1. 即時資訊對抓準進出場時機很重要。

2. 你追蹤的市場愈多，從交易中賺到的錢就愈多。

3. 你必須緊盯公司所發布的獲利報告。

4. 期貨賣出的價格，可能比產品的生產成本更低。

5. 有了12個月的日線圖，就可以不用週線圖。

6. 好的交易軟體能彌補交易人的經驗不足。

A. 1和2

B. 2和3

C. 3和4

D. 4和5

E. 5和6

問題8—分析的類型

下列說明指的是何種分析？

1. 研究經濟面的供給與需求

2. 預測未來的價格

3. 研究群體行為

4. 可以完全自動化

5. 做為交易決策的基礎

A. 基本分析

B. 技術面分析

C. 兩者皆是

D. 兩者皆非

第二章

心智——紀律的交易者

交易人的性格是交易成敗的關鍵。交易人的想法、感受以及態度，對交易帳戶中淨值的增加或減少，有相當直接的影響。如果交易人的頭腦無法冷靜下來，功能再強大的電腦、再棒的技術面分析，也無濟於事。

如果有機會的話，請找《飛向太空》（Solaris,1972）這部片子來看一下，這是由俄國大導演安德列・塔可夫斯基（Andrei Tarkovski）執導的電影。這部科幻片中，索拉力星這顆奇特行星遭到地球科學家攻擊，索拉力星人則以侵入科學家心靈做為反擊，誘發他們內心的痛苦回憶，並重新上演這些過往的痛苦經歷。在索拉力星，人類要克服的是深藏在自己內心的部分自我，呈現人性的考驗與反應。科學家唯有克服過去這些痛苦回憶，才能接觸到這星球。市場的行為就像這個星球，它們侵入我們內心深處，發現我們的弱點、給予打擊。

貪婪、恐懼、懶散以及粗心大意等人心弱點所造成的錯誤，使得多數投資人都飽嘗失敗的經驗。你必須自省並記錄自己的投資行為，體認到哪些是錯誤的，然後才能加以改正。唯有成為一個平衡而成熟的人，才能成為一個成功的交易人。

問題	第1試	第2試	第3試	第4試	第5試
9					
10					
11					
12					
13					
14					
15					
16					
17					
18					
總得分					

問題9—為什麼交易？

做交易有各種各樣的理由，有些合理，有些不合理。請從下面找出兩個合理的理由。

1. 你需要一點挑戰和冒險。

2. 你想賺到比無風險投資更多的錢。

3. 你厭倦了每天的工作。

4. 你比絕大多數遇到的人都聰明。

5. 你想賺錢。

A. 1和3

B. 4和5

C. 2和5

D. 2和3

問題10—交易心理

將下列敘述與交易人類型相對應。

1. 我的券商說，這檔股票在分割前總會上升3到4個百分點。

2. 我的投資顧問建議的投資組合去年上漲45%，那你的投資組合表現如何？

3. 誰會料到，美國聯邦準備理事會會調高利率來打擊市場？

4. 這檔股票已經落到兩年來最低點，不可能跌得更低了。

A. 一廂情願

B. 準備向專家、大師踢館

C. 受消息左右

問題11—虧損的原因

什麼是交易人出局的主要原因？

1. 無知

2. 自我毀滅的行為

3. 資金不足

4. 差勁的建議

A. 1

B. 1和2

C. 1、2和3

D. 以上皆是

問題12—酒鬼和輸家

酒鬼和輸家有許多共通點,除了:

1. 他們不承認自己是酒鬼或輸家這個事實。

2. 他們沒有意識到自己喝了多少或虧了多少。

3. 他們通常有消化不良和性功能障礙。

4. 他們能夠從家庭成員或朋友的干預中受益。

問題13—經營者的風險

經營風險和虧損之間有共通處,也有相異處。請從下面描述的句子判斷是指哪一個、兩者皆有,或兩者皆無。

1. 毀掉帳戶中的資金

2. 事情的發生在意料之外

3. 由帳戶中的百分比來決定

4. 對交易人的生存沒有影響

A. 經營風險

B. 嚴重虧損

C. 兩者皆有

D. 兩者皆無

問題14—關於交易的正確和錯誤觀點

下列所述都適用於交易，除了哪兩點敘述：

1. 有很高的娛樂價值

2. 如果能發現交易祕訣的話就能勝出

3. 是一場很危險的戰鬥

4. 比多數遊戲的勝算高

5. 是一個挺迷人的兼差工作

A. 1和4

B. 2和5

C. 2和3

D. 3和5

問題15—交易態度

一個成熟交易人應有的態度是：

1. 自己做決定

2. 承擔所有損失的責任

3. 能遠離群眾

4. 對每個市場情況都有一套行動計畫

5. 願意分享知識和專業

A. 1

B. 1和2

C. 1、2和3

D. 1、2、3和4

E. 全部

問題16—紀律

紀律的交易者是指：

1. 買賣都有明訂的準則。

2. 停利或停損的決定，都是根據過去市場的交易紀錄來進行。

3. 所有的交易都有完整紀錄可循。

4. 列在追蹤清單上的股票，不管是否要買賣，每天都會追蹤價
   格。

5. 對於買進或持有的股票，在還未賣出前不與任何人討論。

A. 1

B. 1和2

C. 1、2和3

D. 1、2、3和4

E. 以上皆是

問題17—交易紀錄

下列所述與哪個名詞相符？

1. 它是能幫助交易人看清問題或達成目標的關鍵。

2. 記錄了進出場點、滑價，以及手續費。

3. 讓所有紀錄都保持在最新狀態。

4. 記錄你帳戶的價值。

5. 記錄了進場和出場時點的圖表。

A. 交易日記

B. 淨值曲線

C. 妥善保存紀錄的結果

D. 買賣成交紀錄

E. 紀律的測試

問題18—學習交易

學習交易是一個長期過程，下列哪兩點是正確的敘述？

1. 帳戶資金太大，會導致交易人馬虎交易。

2. 交易的市場愈多，你就學得愈快。

3. 對某筆交易感到興奮，是獲利的徵兆。

4. 為每筆交易的表現打分數，會為你帶來好處。

5. 賺錢比學習怎樣交易更重要。

A. 1和3

B. 3和5

C. 3和4

D. 2和5

E. 1和4

第三章

看懂走勢圖入門

交易不看走勢圖，就好像打牌卻不看手中的牌一樣。學習解讀走勢圖非常重要，因為圖中含有大量多頭、空頭這一場場永無止息的對戰訊息。想從中捕捉到多空的訊息，必須要會從圖中去發掘。

兩個城市鄉巴佬到山林中健行，一個人說：「你看，是熊的腳印。」

「別傻了，」另一人回答，「那是牛的足跡。」

語畢，一列火車飛馳而過輾過兩人。

每個人都看得到地上的印記，但要搞清楚是誰留下的，卻需要相當的知識和經驗。

一旦學會從走勢圖的中間確認價格型態，就要將注意力轉移到圖的右緣。圖中間是學習的地方，右緣則是交易的地方。在走勢圖的右緣做決定，意謂著在訊息尚不完備的時候採取行動。在訊息有限的情況下，就能對走勢做出準確判斷，正是專業交易人的能耐，這也是自動交易系統做不到的。在資訊不足之下，機器無法和人一樣做判斷。但交易人控制風險的能力必須非常高超，才有辦法在走勢圖的右緣採取行動。

問題	第1試	第2試	第3試	第4試	第5試
19					
20					
21					
22					
23					
總得分					

問題19—價格

下面關於價格的敘述都是正確的，除了：

1. 買家願意付的

2. 賣家願意接受的

3. 對當時價值的共識

4. 反映真實的價值

5. 和旁觀交易人的想法無關

A. 1和2

B. 3和4

C. 4和5

問題20——柱狀圖

下列柱狀圖中的價格點，與哪個描述相符？

1. 最高價

2. 最低價

3. 開盤價

4. 收盤價

A. 柱狀圖上空頭的最大力量

B. 可說是業餘交易人對日線圖和週線圖的解讀意見

C. 柱狀圖上多頭的最大力量

D. 可說是專業交易人對日線圖和週線圖的解讀意見

問題21——基本型態

將下列型態與圖3.1中的字母相對應：

1. 支撐

2. 壓力

3. 上升趨勢線

4. 下跌趨勢線

5. 假突破的雙肩

6. 假突破的倒雙肩

加分題：

在走勢圖的右緣，是看漲、看跌還是持平？請解釋。

圖3.1

問題22—基本型態

將下列型態與圖3.2中的字母相對應：

1. 上升趨勢線

2. 下跌趨勢線

3. 尾巴（袋鼠尾）

4. 通道線

加分題：

在走勢圖的右緣，是看漲、看跌還是持平？請解釋。

圖3.2

問題23—基本型態

將下列型態和圖3.3中的字母相對應：

1. 支撐／壓力

2. 成交量突增

3. 成交量增加，驗證趨勢

4. 下跌的成交量顯示趨勢減弱

5. 背離

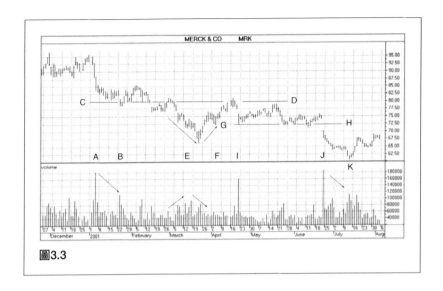

圖3.3

加分題：

在走勢圖的右緣，是看漲、看跌還是持平？請解釋。

第四章

指標——一個彈匣，五顆子彈

　　能坐車幹嘛要走路？有挖土機，為什麼還要用鎬和鏟挖掘？現代電腦化的分析方法比起古典分析，更能讓交易人有機會在市場中做出更深、更廣和更客觀的決策。

　　擁有現代化的建築設備，並不能保證建造出堅實的房子；同樣道理，電腦化分析方法也無法保證成功。你必須學會如何使用你的工具，分清楚這兩者的不同：買一套別人的工具然後期望靠它發財的魔法，和你自己借助現代工具努力發掘好的交易思路。

　　現代的電腦功能遠比早期電腦強大得多，早期的老式電腦不但要放在冷氣房內，還要有技術員隨時提供支援。但現代的技術面分析軟體日新月異，便宜而強大。認真的交易人必須學習電腦化的分析方法，並看懂技術指標。

問題	第1試	第2試	第3試	第4試	第5試
24					
25					
26					
27					
28					
29					
30					
31					
32					
33					
34					
35					
36					
37					
38					
39					
總得分					

問題24—軟體

以下哪些敘述適用於工具箱軟體？哪些適用於黑箱軟體？

1. 包含從未披露過的交易準則

2. 需要輸入數據資料

3. 遵從準則就保證獲利

4. 顯示多頭和空頭之間的較勁

A. 工具箱

B. 黑箱

C. 兩者都是

D. 兩者皆非

問題25—指標

趨勢追蹤指標用來顯示市場受到影響，而正朝著特定的方向前進，可幫助我們確認趨勢。擺盪指標透過顯示市場是否超買或超賣，幫助我們確認反轉區域。下面的指標分別屬於哪一種？

1. 移動平均線

2. MACD-柱狀圖

3. 隨機指標

4. MACD線

5. 力度指數

A. 趨勢追蹤指標

B. 擺盪指標

問題26—時間

以下關於市場裡時間的描述,哪些是對的,哪些是錯誤的?

1. 日線圖所傳達的資訊,比週線圖更重要。

2. 不同時間框架的分析,對深層次市場分析來說至關重要。

3. 當日沖銷交易人需要參考週線圖。

4. 以短期走勢圖為基礎,做出戰略決定。

5. 如果上升時間比下跌時間更長,就意謂著多頭走勢較強。

A. 正確

B. 錯誤

問題27—移動平均線

將下列敘述與移動平均線(MAs)的說明相對應:

1. 移動平均線發出的最重要的資訊

2. 移動平均線的每個輸入值,等於(最高價+最低價+收盤價)
   的三分之一

3. 用更長的時間窗口來計算移動平均線

4. 舊的數據在移動平均線中占有的權重較小

5. 於上升移動平均線附近買進

A. 對當日沖銷交易人來說特別重要

B. 減少兩邊挨巴掌的機會

C. 有價值的交易

D. 移動平均線的斜率

E. 指數移動平均線

問題28—移動平均線

將下列型態和圖4.1的字母相對應：

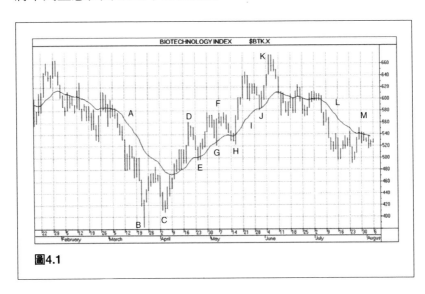

圖4.1

1. 上升趨勢

2. 下跌趨勢

3. 依據價值買入

4. 依據博傻理論買入

5. 依據價值賣出

6. 袋鼠尾

7. 雙底

加分題：

在走勢圖的右緣，是看漲、看跌還是持平？請解釋。

問題29—通道

將下列敘述與關於通道的要點相對應：

1. 正常的樂觀極限

2. 涵蓋大約95%的最新價格

3. 必須與空頭市場中的極限價格相吻合

4. 時間框架愈長，通道愈寬

5. 當市場愈震盪，通道變得愈寬

A. 包絡線

B. 布林格通道

C. 下通道線

D. 市場時間框架

E. 上通道線

問題30——通道

將下列通道訊號和圖4.2中的字母相對應：

1. 買入

2. 賣出，獲利了結

3. 賣出放空

4. 回補空頭

加分題：

在走勢圖的右緣，是看漲、看跌還是持平？請解釋。

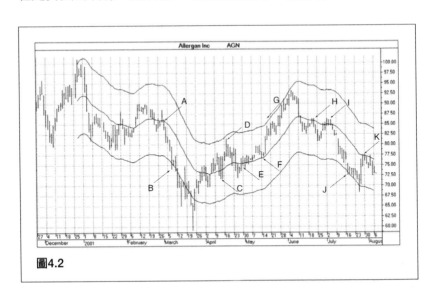

圖4.2

問題31—為交易評分

包絡線或通道,能幫助你為自己的交易績效評分。以下交易各為何級?

1. 交易人甲在上升EMA上方的56買進一檔股票,然後在59賣出。上通道線在60.5,下通道線在49.5。

2. 交易人乙在靠近上升EMA的17.5買進一檔股票,然後在18.5賣出。上通道線在20,下通道線在13。

3. 交易人丙在交易區間裡的21買進一檔股票,但股價隨後下跌,交易人在19停損出場。上通道線在24,下通道線在16。

4. 交易人丁在下降移動平均線附近的88放空一檔股票,然後在81回補。上通道線在99,下通道線在81。

問題32—MACD

將下列說明與MACD配對:

1. 對價值的長期共識值

2. MACD柱狀圖

3. 對價值的短期共識值

4. 價格升抵更高的高點時,MACD柱狀圖的頭部卻較低

5. 價格跌到更低的低點時,MACD柱狀圖的底部卻較高

A. MACD快線

B. 多頭背離

C. 空頭背離

D. MACD慢線

E. MACD兩線之間的差距

問題33—MACD

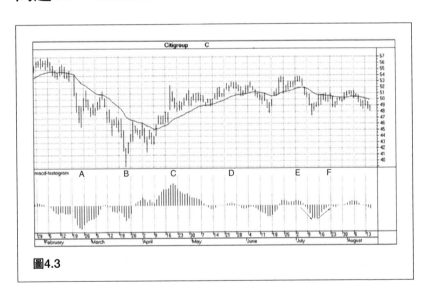

圖4.3

指出以下的MACD柱狀圖訊號，發生在圖4.3的哪個字母處：

1. 上升趨勢

2. 下跌趨勢

3. 多頭背離

4. 空頭背離

5. 價格尾部

加分題：

在走勢圖的右緣，是看漲、看跌還是持平？請解釋。

問題34—力度指數

下面哪句說明不適用於力度指數？

1. 衡量價格變化

2. 取決於價格走向

3. 應該用EMA來做平滑處理

4. 衡量每天的成交量變化

5. 突刺往往顯示出反轉區

問題35—力度指數

指出以下的力度指數訊號，發生在圖4.4的哪個字母處：

1. 買進訊號

2. 賣出訊號

3. 多頭背離

4. 突刺

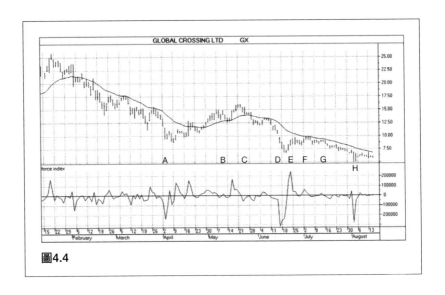

圖4.4

加分題：

在走勢圖的右緣，是看漲、看跌還是持平？請解釋。

問題36——艾爾德射線

將下列關於艾爾德射線的說法配對：

1. 空頭力量成為負值後走強

2. 從條柱的高點到EMA的距離

3. 價值的平均共識值

4. 從條柱的低點到EMA的距離

5. 多頭力量成為正值後走弱

A. 移動平均線

B. 下跌趨勢中的賣出訊號

C. 空頭力量

D. 上升趨勢中的買進訊號

E. 多頭力量

問題37—艾爾德射線

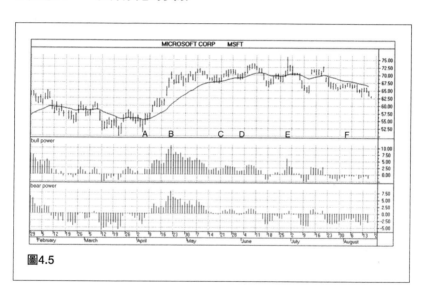

圖4.5

指出以下的艾爾德射線訊號,發生在圖4.5的哪個字母處:

1. 來自空頭力量的買進訊號

2. 來自多頭力量的放空訊號

3. 多頭力量的新高點──可望出現更高價格

4. 多頭力量的空頭背離

5. 價格尾部

加分題：

在走勢圖的右緣，是看漲、看跌還是持平？請解釋。

問題38──隨機指標

以下關於隨機指標的說法，哪些是不正確的？

1. 它能幫助交易人確認超買和超賣的情形。

2. 當隨機指標高於它的上參考線，就伺機賣出。

3. 它與價格的背離發出最強的訊號。

4. 它能幫助交易人確認趨勢。

5. 當隨機指標值低於它的下參考線，要避免放空。

問題39──隨機指標

指出以下的隨機指標訊號，發生在圖4.6的哪個字母處：

1. 買進訊號

2. 賣出訊號

3. 多頭背離

4. 空頭背離

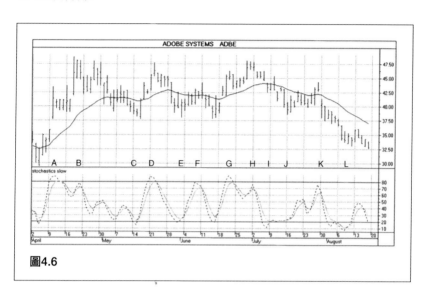

圖4.6

加分題：

在走勢圖的右緣，是看漲、看跌還是持平？請解釋。

第五章
交易

　　交易新手往往會掉進各種陷阱。很多人在交易知識不足的情況下,一頭栽進市場。有些新手因為運氣而賺到一些錢,但幾乎所有交易新手最後都會賠錢。這時他們開始尋求書本的幫助——而且是看愈來愈多書,害怕扣動扳機,對遭受過的慘痛經歷,留下揮之不去的記憶。受過打擊的交易人只顧著做市場分析,卻不進場交易,這是因為他正苦於「分析癱瘓」。

　　明智的交易人曉得,他的市場知識永遠不會十全十美。市場十分巨大,受到許多因素影響,因此相當不確定。世界上沒有所謂的完全理解。一旦你的指標發出的訊號一面倒,指向某筆交易,這時就應該計算風險,設置到價出場點,然後下單交易,不要去等待完美的訊號出現。即使有,等它出現也為時已晚。

問題	第1試	第2試	第3試	第4試	第5試
40					
41					
42					
43					
44					
45					
46					
47					
總得分					

問題40─系統

下列關於交易系統的說法,哪些是對的?

1. 交易系統能幫助交易人,將市場資訊的數量減少成幾個關鍵因素。

2. 能自主判斷的交易人,在不同時間使用不同的工具。

3. 設計系統時,出場比進場更重要。

4. 系統參數必須隨著時間改變。

5. 好系統可以自動執行交易,並交給另一個人去操作。

A. 1

B. 1和2

C. 1、2和3

D. 1、2、3和4

E. 以上皆是

問題41─系統測試

下列關於系統測試的說法，哪些是對的？

1. 有效的系統提供的獲利期望值，高於虧損期望值。

2. 電腦化測試系統，比一次往前點按一天的人工測試要來得客觀。

3. 人工測試可以模擬交易時的心理壓力。

4. 如果測試後發現，不用資金管理準則執行交易，能產生更好的績效，就可以捨棄資金管理準則。

5. 從商譽不錯的供應商所買來、經過徹底測試的系統，可以立即投入運用。

A. 1

B. 1和2

C. 1、2和3

D. 1、2、3和4

E. 以上皆是

問題42—紙上模擬操作

下列關於紙上模擬操作的說法，哪些是對的？

1. 交易人在做模擬操作時，比較不容易情緒化。
2. 做模擬操作的人，大多是賠錢後害怕真槍實彈交易的人。
3. 模擬操作的最好理由，是測試你是否遵守紀律。
4. 模擬操作需要做的家庭功課，比真實交易來得少。
5. 真實交易的利潤和損失，往往和模擬操作一樣。

A. 1
B. 1和2
C. 1、2和3
D. 1、2、3和4
E. 以上皆是

問題43—指標

將下列關於技術指標的說法配對：

1. 多頭共識、新高新低指數
2. 比走勢圖型態更加客觀
3. 移動平均線、MACD線、趨向系統
4. 經常與其他類型的指標相互衝突
5. 包絡線、力度指數、隨機指標、艾爾德射線

A. 趨勢追蹤指標

B. 擺盪指標

C. 其他

D. 所有的指標

問題44—時間框架

下列關於市場時間框架的說法，哪些是對的？

1. 時間因子五能將所有時間框架都連結起來。

2. 不同時間框架中的指標訊號，常常相互衝突。

3. 盤中走勢圖比日線圖讓你更接近市場。

4. 長線的定義，是從中期走勢圖推導出來的。

5. 先看短期走勢圖，再看長期走勢圖，這一點很重要。

A. 1

B. 1和2

C. 1、2和3

D. 1、2、3和4

E. 以上皆是

問題45——三螢幕

哪個敘述最能說明三螢幕？

1. 在日線圖上做戰略決定，在週線圖上做戰術決定，在盤中走勢圖上執行。

2. 在盤中走勢圖上做戰略決定，在週線圖上做戰術決定，在日線圖上執行。

3. 在週線圖上做戰略決定，在日線圖上做戰術決定，在盤中走勢圖上執行。

4. 在日線圖上做戰略決定，在盤中走勢圖上做戰術決定，在週線圖上執行。

5. 在盤中走勢圖上做戰略決定，在日線圖上做戰術決定，在週線圖上執行。

問題46——下單交易

下列進場方法，何者不可接受：

1. 突破昨日高點後買進

2. 拉回到EMA時買進

3. 利用盤中走勢圖，在行情拉回時買進

4. 開盤前下市價買單

5. 力度指數變為負值時買進

問題47——獲利了結

下列哪些訊號適用於多頭部位的獲利了結：

1. 價格升抵上通道線

2. 力度指數的2日EMA向上突刺

3. EMA從上揚轉而走平

4. 價格接近上方的阻力區

5. 你擔心市場將反轉

A. 1

B. 1和2

C. 1、2和3

D. 1、2、3和4

E. 以上皆是

第六章

當日沖銷交易

　　當日沖銷交易比大多數人想像的要難。一頭栽進這塊領域的交易新手，獲得的財務成果，和在街頭玩三猜一紙牌賭博一樣。那些牌洗得有點太快，每次進出的成本有點太高，只要參與者稍不注意，不久又有一個當日沖銷交易新手跌得鼻青臉腫。

　　當日沖銷交易要求瞬間的反應和極高的自律，但矛盾的是，它往往吸引最衝動、最好動的人。它要求交易人全神貫注於短期的價格波動，但多數人根本無法長時間集中注意力。

　　然而，當日沖銷交易還是有它的用處，就算對長線交易人來說也是如此。如果你知道如何執行當日沖銷交易，就能利用這些技巧，不斷進出操作部位。一旦你這麼做，就應該關掉即時報價螢幕，將注意力放在比較長期的走勢圖。務必將兩類交易區分開來——不要將部位交易轉成當日沖銷交易，或者反過來做。

問題	第1試	第2試	第3試	第4試	第5試
48					
49					
50					
51					
52					
53					
總得分					

問題48—當日沖銷交易的挑戰

下列哪些挑戰，是當日沖銷交易所特有的：

1. 由於波段時間較短，每筆交易獲利較小。

2. 由於交易較頻繁，費用較高。

3. 交易人必須立刻行動，否則就會被洗出場。

4. 比部位交易更花時間。

5. 賠錢的交易，虧損比部位交易大。

A. 1

B. 1和2

C. 1、2和3

D. 1、2、3和4

E. 以上皆是

問題49—當日沖銷交易的心理

下列關於當日沖銷交易心理的說法，哪兩個不正確？

1. 當日沖銷交易需要投入的注意力，比部位交易少。

2. 當日沖銷交易人交易的理由是部分理性、部分非理性。

3. 當日沖銷交易利用人的成癮習性。

4. 當日沖銷交易為經紀公司帶進的收入，比部位交易少。

5. 知道自律的當日沖銷交易人，特徵之一是會寫下書面交易計畫。

A. 1和3

B. 2和5

C. 1和4

D. 3和4

E. 2和3

問題50—當日沖銷交易

下列清單中除了何者，你可以掃視它們做為當日沖銷交易的可能目標：

1. 最熱門的科技股

2. 後市十分看好的低價證券

3. 藍籌股

4. 納斯達克交投最熱絡的20檔股票

5. 紐約證券交易所交投最熱絡的20檔股票

問題51——開盤區間

將下列說法配對：

1. 專業交易人樂於滿足場外交易人急於進場的熱切心情。

2. 從開盤區間突破的行情走勢，不可能持續下去。

3. 這些條柱的成交量往往很低。

4. 專業交易人接下場外交易人不想要的股票，讓他們出場。

5. 開盤區間很可能走出一個重要的突破行情。

A. 很窄的開盤區間

B. 交易的最後半小時

C. 交易日的中段

D. 交易的最初半小時

E. 很寬的開盤區間

問題52——當日沖銷交易

25分鐘走勢圖（此處沒有顯示）處於下跌趨勢。請觀察圖6.1的5分鐘走勢圖，並將下列訊號與走勢圖的字母配對。粗直條柱標示

每一交易日的開始和結束。

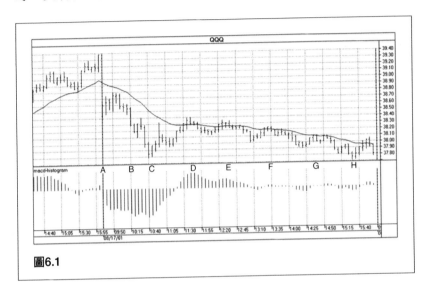

圖6.1

1. 從開盤區間突破

2. 向下跳空

3. 放空訊號

4. 空頭力量達到新的極限

5. 多頭背離

加分題：

在走勢圖的右緣，是看漲、看跌還是持平？請解釋。

問題53——每日計畫

下列關於每日計畫的說法，哪些是對的？

1. 你應該在開盤鈴聲響起之前，就開始工作。

2. 每天應該不只一次查看你監控清單上的股票。

3. 你可以聽小道消息，只要你用自己的系統去過濾。

4. 在有一堆人的房間裡交易，能夠做出較客觀的決定。

5. 最好不要預先計畫好要交易什麼，寧可等到市場開盤後再選擇。

A. 1

B. 1和2

C. 1、2和3

D. 1、2、3和4

E. 以上皆是

第七章

進階概念

　　想交易成功，你需要比競爭對手占優勢。最好的優勢就是高度遵守紀律。另一種不錯的優勢，是對市場了解得更深入。這通常要看你是否擁有交易大眾所沒有、與眾不同和原創性的分析工具。

　　成功的交易人往往依賴獨有的工具和技術，或是以不同方式運用常見的工具。我們將探討兩種新方法——用於發現交易機會的脈衝系統，以及設置到價出場點的安全區法。我們也將探討衍生性商品，也就是選擇權和期貨。交易新手最好遠離它們，先學習如何交易股票，但有經驗的交易人可以將興趣領域，擴展到包括衍生性商品。

問題	第1試	第2試	第3試	第4試	第5試
54					
55					
56					
57					
58					
59					
60					
61					
62					
63					
64					
65					
66					
67					
總得分					

問題54—脈衝系統

將下列和脈衝系統有關的說法配對：

1. 動能交易中最難的一件事

2. 反映了逐漸增強的多頭動能

3. 反映了空頭慣性

4. 反映了逐漸增強的空頭動能

5. 反映了多頭慣性

6. 等待驗證

A. 上升EMA

B. 上升MACD柱狀圖

C. 降低交易的獲利水準

D. 下降EMA

E. 知道什麼時候應該結束交易

F. 下降MACD柱狀圖

問題55—脈衝系統

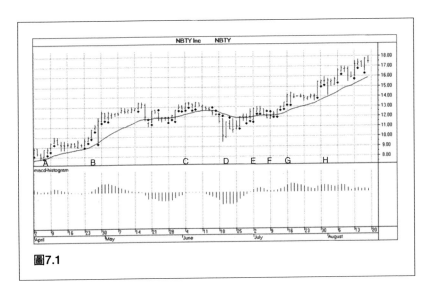

圖7.1

週線圖處於上升趨勢。請觀察圖7.1的日線圖,將下列訊號與走勢圖的字母配對。

1. 群聚的賣出訊號
2. 群聚的買進訊號

加分題:

在走勢圖的右緣,是看漲、看跌還是持平?請解釋。

問題56─脈衝系統

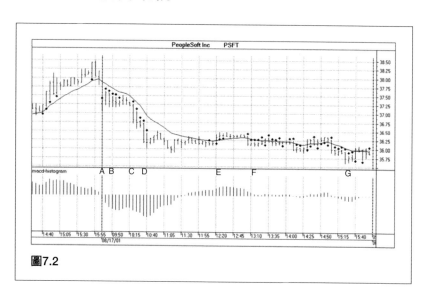

圖7.2

25分鐘走勢圖(此處沒有顯示)處於下跌趨勢。請觀察圖7.2的5

分鐘走勢圖。將下列訊號與走勢圖的字母配對。粗直線標出的是一個交易的開始和結束。

1. 群聚的買進訊號
2. 群聚的賣出訊號
3. 向下跳空
4. 從開盤區突破
5. 空頭力量新的極限
6. 多頭背離

加分題：

在走勢圖的右緣，是看漲、看跌還是持平？請解釋。

問題57—出場

下列關於出場的說法，哪些是對的？

1. 比較進場點到獲利目標的距離，以及進場點到停損點的距離，權衡風險和報酬的大小。
2. 交易人在下單交易之前，對出場的看法比較客觀。
3. 進場點到停損點的距離，應該大於進場點到獲利目標的距離。
4. 決定出場的最佳時機，是你已經交易之後。
5. 一旦設好獲利目標，就不應該再改變。

A. 1

B. 1和2

C. 1、2和3

D. 1、2、3和4

E. 以上皆是

問題58──出場

下列關於使用通道以出場的說法，哪些是對的？

1. 證券的價格總是在價值的上方和下方之間波動。

2. 通道愈寬，交易愈有吸引力。

3. 通道能幫助交易人在價值上方賣出，以及在低價水準回補空頭部位。

4. 畫得好的通道，基本上會抓住所有頭部和底部。

5. 畫得好的通道，包含過去幾個月99%的價格。

A. 1

B. 1和2

C. 1、2和3

D. 1、2、3和4

E. 以上皆是

問題59—出場

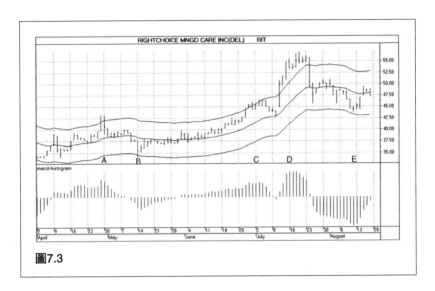

圖7.3

觀察圖7.3的走勢圖，將下列訊號和走勢圖的字母配對：

1. 多頭部位獲利了結

2. 空頭部位獲利了結

加分題：

在走勢圖的右緣，是看漲、看跌還是持平？請解釋。

問題60—到價出場點

下列關於到價出場點的說法，哪些是對的，哪些是錯的？

1. 設置到價出場點的時間，是在進場交易後立刻進行。
2. 市場分析做得很好，就沒有必要設置到價出場點。
3. 心理到價出場點，比在市場中實際下的到價出場點安全。
4. 到價出場點必須與資金管理準則互相配合。
5. 到價出場點由技術面分析來確定。

問題61—安全區

請將下列敘述和安全區到價出場點有關的說法配對：

1. 趨勢上升，市場噪音是由＿＿來定義。
2. 平均向上穿越值乘以某個係數，再和最高價相加。
3. 趨勢下降，市場噪音是由＿＿來定義。
4. 在回顧期間的平均向下穿越值。
5. 平均向下穿越值乘以某個係數，再以最低價減掉它。
6. 在回顧期間的平均向上穿越值。

A. 上升趨勢中的安全區到價出場點
B. 今天最低價低於昨天最低價的程度
C. 上升趨勢中的平均噪音水準
D. 今天最高價超越昨天最高價的程度
E. 下跌趨勢中的安全區到價出場點
F. 下跌趨勢中的平均噪音水準

問題62—保證金交易

下列有關股票信用交易的說法，哪些是對的？

1. 允許你用槓桿來擴大購買力

2. 使賠錢的交易賠更多錢

3. 比現金交易的壓力大

4. 使你的正確決定獲得更多利潤

5. 幫助小額交易人獲得更多利潤，有助於淨值增長

A. 1

B. 1和2

C. 1、2和3

D. 1、2、3和4

E. 以上皆是

問題63—趨勢和波段

下列哪些說法適用於趨勢交易，哪些適用於波段交易？

1. 通道寬度相對不重要

2. 很容易交易

3. 你需要給某些交易的到價出場點額外空間

4. 經常用在交投最熱絡的股票上

5. 在通道線獲利了結

A. 趨勢交易

B. 波段交易

C. 兩者皆非

問題64——選擇權

何者不是決定選擇權價格的因素？

1. 離行使價格的距離

2. 距到期日的時間

3. 市場趨勢

4. 利率

5. 股票波動性

問題65——選擇權

一檔股票3月份的交易價格為65，選擇權交易人對它有幾種選擇。請將每種選擇與它所相應的部位配對：

1. 買進股票，並以70賣出5月到期的買權

2. 以60買進5月到期的賣權

3. 以60賣出5月到期的賣權

4. 以60買進5月到期的買權，並以60賣出7月到期和5月到期的買權

5. 以70買進5月到期的買權

A. 賣出裸選擇權

B. 賣出有抵選擇權

C. 價差交易

D. 買進買權

E. 買進賣權

問題66——選擇權

下列關於選擇權的說法，哪些是對的？

1. 對賣出選擇權而言，資金管理很重要。

2. 賣出裸選擇權，會承受無限的風險，但報酬有限。

3. 看好市場後市上漲時，最好賣出賣權。

4. 選擇權賣家必須等到到期日才獲利了結。

5. 時間是選擇權賣家的敵人。

A. 1

B. 1和2

C. 1、2和3

D. 1、2、3和4

E. 以上皆是

問題67—期貨

將下列有關期貨的說法配對：

1. 期貨部位必須與現貨部位方向相反

2. 期貨的主要風險來源

3. 近月合約的賣價比遠月合約要高

4. 工業生產者和消費者

5. 生產地區天氣惡劣

A. 逆轉市場

B. 內線消息

C. 供給推動市場

D. 對沖

E. 保證金百分率要求較低

第八章

資金管理

　　交易成功的第三個要素（M）是資金管理，交易人無疑最容易忽略這一點。交易新手花很多時間和精力學習交易方法，經驗比較豐富的交易人注意的是紀律和其他心智方面的問題，但只有專業交易人才會將足夠的注意力放在資金管理上。

　　專業交易人了解，無論他交易的是網路熱門股、黃豆期貨，還是IBM買權，他都是在交易資金。任何特定市場只是個工具，目的是為他賺進高於銀行利率的報酬率。這就是為什麼計算資金的重要性，不亞於計算指標的讀數。

　　你是否注意到，在市場中交易，任何可能出錯的事情，往往就是會出錯？有一大堆人在市場中謀生，當你跌倒，正是他們賺錢的時候。所有能想像到的香蕉皮都扔在你的路上，為了保護自己不受損失，你需要建立資金管理準則，並像信教那樣虔誠遵守。

　　資金管理在你通向夢想之地的路上，張開一張安全網。在那個夢想之地，你將以交易為生，過著自由自在的生活。如果你已經有了分析市場和發現交易機會的好方法，你就會成功，但前提是——這是很重要的前提——你一路上能保護好自己的資金。

　　為了強調資金管理的極端重要性，這一章會用不同方式為你的答案評分。我們不再有「相當不錯」這樣的評等。你必須得到「優」的分數，因為不是優，就是「劣」。而「劣」的表現方式不只一種。

問題	第1試	第2試	第3試	第4試	第5試
68					
69					
70					
71					
72					
73					
74					
75					
76					
77					
78					
79					
80					
81					
82					
總得分					

問題68──數學期望值

下列哪種情況出現時，交易系統的數學期望值為正值？

1. 大多數交易賺錢
2. 賺錢的交易多於賠錢交易
3. 保證獲利
4. 不用資金管理，也運作得很好
5. 讓你在市場取得優勢

問題69──不會算術

以心算計算下列問題並寫下答案，以測試你的算術技能：

1. 187 + 36
2. 200的12%
3. 345除以5
4. 37.5乘以500
5. 星期六下雪的機率是25%，星期天下雪的機率也是25%。整個週末下雪的機率是多少？

問題70──2%準則

遵守2%準則的意思是說：

1. 10萬美元的交易帳戶，買進的股票不超過2,000美元

2. 2萬美元的交易帳戶，承受的風險不低於400美元

3. 15萬美元的交易帳戶，承受的風險不超過3,000美元

4. 10萬美元的交易帳戶，獲利目標至少為2,000美元

5. 100美元的股票，每股獲利目標至少為2美元

問題71—2%準則

5萬美元的交易帳戶，可以執行下列哪些交易？（記住：回答問題時不要用電子計算器）

1. 買進500股價格為25美元的股票，到價出場點設在23.50美元

2. 放空300股價格為48美元的股票，到價出場點設在51美元

3. 買進1,000股價格為12美元的股票，到價出場點設在11美元

4. 放空200股價格為92美元的股票，到價出場點設在98美元

5. 買進700股價格為33美元的股票，到價出場點設在31美元

A. 1

B. 1和2

C. 1、2和3

D. 1、2、3和4

E. 以上皆是

問題72—經營風險

下列哪些狀況讓你承受經營風險，哪些讓你承受虧損風險？

1. 10萬美元的交易帳戶，買進1,000股價格為50美元的股票，到價出場點設在48.75美元

2. 2萬美元的交易帳戶，買進300股價格為30美元的股票，到價出場點設在28美元

3. 2萬美元的交易帳戶，買進200股價格為20美元的股票，到價出場點設在18.5美元

4. 10萬美元的交易帳戶，買進1,000股價格為40美元的股票，到價出場點設在36美元

5. 10萬美元的交易帳戶，買進1,000股價格為50美元的股票，不設到價出場點

A. 經營風險

B. 虧損風險

問題73—2%準則

比爾是股票交易新手，交易帳戶中有2.5萬美元。他選中一檔40美元的股票，期望能漲到48美元，並想把到價出場點設在支撐水準下的36美元。他想交易100股。他是否可以下單做這筆交易？

問題74——2%準則

蓋瑞是期貨交易新手,交易帳戶中有2萬美元。他想放空黃金,預估每盎司會跌9美元。但如果金價每盎司上漲3美元,就表示他看跌趨勢的想法是錯的,並且觸發到價出場單。每口合約是100盎司。他是否可以做這筆交易?

問題75——2%準則

蘇珊的股票交易帳戶中有5萬美元。她選了一檔價格為24美元的股票,研判它能漲到30。她確定22美元有支撐,並將到價出場點設在21.5美元。她計畫買500股。她是否可以做這筆交易?

問題76——交易散戶和機構交易員

機構交易員的操作績效通常優於交易散戶,主要原因是:

1. 資本較多
2. 有機構內部其他交易員的支援
3. 有位經理
4. 培訓工作做得較好
5. 拿別人的錢操作時,壓力較小

問題77——6%準則

遵守6%準則的意思是說：

1. 交易目標是帳戶每個月賺6%的利潤。
2. 損失帳戶淨值的6%以後停止交易，直到月底。
3. 維持獲利/損失比為6:2。
4. 當承受的風險超過6%，軋平所有部位。
5. 如果你遵循2%準則，就不要同時有三筆以上的未軋平交易。

問題78——6%準則

安的交易帳戶月初有9萬美元。她做了交易A和交易B，每筆各承受1,200美元的風險，而且都賠錢。她接著又做了交易C和交易D，各承受1,500美元的風險，而且兩筆交易的到價出場點都移到損益兩平點。現在她看到了交易E，並想買進500股，每股承受3美元的風險。她可以做這筆交易嗎？

問題79——6%準則

彼得的交易帳戶月初有15萬美元。他賺了幾筆交易，接著連賠兩筆，各虧損2,500美元。他現在有兩筆未軋平交易，每筆1,000股，到價出場點距離進場價格分別是1.90和1.70美元。他發現一筆極有吸引力的交易，那他可以做這筆交易嗎？

問題80—6%準則

吉姆的交易帳戶月初有3萬美元。他做了交易A、B和C，各承受500美元的風險。交易A和C達到了他的獲利目標；交易B沒有成功，而且觸及到價出場點。現在，他又看到了潛在的交易機會D和E，每筆風險為500美元，他可以交易它們嗎？

問題81—部位大小

下列說法哪些是對的？哪些是錯的？

1. 交易規模在帳戶金額中占比愈小，愈有可能獲利。
2. 發生虧損時，加大交易規模、撈回虧損很重要。
3. 承受風險的金額大小，直接影響交易決策的品質。
4. 把獲利目標訂得很大，自然而然就能生存。
5. 做交易決定時，承受風險的金額比交易規模重要。

問題82—部位大小

一個10萬美元的交易帳戶，下列哪種情況會是交易過度？

1. 每天做三筆交易。
2. 有十筆未軋平部位，每筆承受750美元的風險。
3. 每星期做十筆交易。
4. 一次交易5,000股。
5. 有五筆未軋平部位，每筆承受1,000美元的風險。

第九章
井然有序的交易人

如果你已經完成了前面的習題而來到這一章，表示你一定很認真對待交易。要做好交易，你必須全心全意、專注和投入。你也許構思得很好，但如何確定你的行動依照著你的意思呢？你一定不想像一位前俄羅斯總理說的：「我們想要最好的，卻得到普通的。」或者像我祖父說的那樣：「通向地獄的道路上，鋪滿了美好的願望。」

唯一能說明你是否在走正確道路的方法，是保存良好的交易紀錄。交易人只要保存良好的紀錄，我就能確定他是優秀的交易人。

保存大量交易紀錄並不斷檢討，比起在市場中來回操作，這裡買、那裡賣，要枯燥無味得多。但良好的紀錄最能測試你的自律水準。如果你在這部分的測試得到高分——不只是在本書，也包括你做完本書練習後，在你自己的交易中——那就表示你應該表現得很好，能成功地靠交易維生。

就像資金管理的那一章，本章的評分標準與其他各章也不一樣。這個主題十分重要，不存在「相當不錯」的評等。你必須不斷學習，直到得分為「優」。

問題	第1試	第2試	第3試	第4試	第5試
83					
84					
85					
86					
87					
88					
89					
90					
91					
92					
93					
94					
95					
96					
97					
98					
99					
100					
總得分					

問題83—成功交易的要素

下列何者是成功交易最重要的因素？

1. 智力

2. 經驗

3. 紀律

4. 想像力

5. 培訓

問題84——交易紀錄

下列關於保存交易紀錄的說法，哪個是錯的？

1. 它們最能反映交易人是否自律

2. 好的紀錄允許交易人放鬆資金管理準則

3. 它們是交易人成功和生存不可或缺的因素

4. 好的紀錄阻止交易人重複犯錯

5. 好的紀錄改善交易人的獲利／損失比

問題85——交易人電子試算表

下列紀錄，哪些是交易人電子試算表中的內容？

1. 進場和出場日期

2. 進場和出場價格

3. 手續費和其他費用

4. 業績分數

5. 進場和出場分數

A. 1

B. 1和2

C. 1、2和3

D. 1、2、3和4

E. 以上皆是

問題86—交易淨值

下列哪幾項屬於交易帳戶淨值的一部分？

1. 交易帳戶中的現金

2. 所有未軋平部位的總價值

3. 交易帳戶中持有的國庫券

4. 保證金信貸

5. 備用儲蓄

A. 1

B. 1和2

C. 1、2和3

D. 1、2、3和4

E. 以上皆是

問題87—淨值曲線

五個交易人的帳戶一開始都有10萬美元。誰的淨值曲線比較有可能引起基金經理的注意？

1. 帳戶最後淨值為11.9萬美元，最大賠損為7,600美元

2. 帳戶最後淨值為9.8萬美元，最大賠損為4,100美元

3. 帳戶最後淨值為7.4萬美元，最大賠損為5.1萬美元

4. 帳戶最後淨值為13.4萬美元，最大賠損為2.8萬美元

5. 帳戶最後淨值為11.4萬美元，最大賠損為2,800美元

問題88—交易日記

交易日記包含的走勢圖，最好有哪幾張？

1. 一張用於確認進場，一張用於確認出場

2. 二或三張用於確認進場，一張用於確認出場

3. 一張用於確認進場，二或三張用於確認出場

4. 二或三張用於確認進場，二或三張用於確認出場

5. 五張或更多用於確認進場，五張或更多用於確認出場

問題89—交易日記

下列關於交易日記的說法，哪些是對的？

1. 讓你從錯誤和成功中學習

2. 減少交易時的情緒

3. 可以觀察你是否自律

4. 每筆交易都必須收進日記

5. 最有趣的交易應該收進日記

A. 1

B. 1和2

C. 1、2和3

D. 1、2、3和4

E. 以上皆是

問題90─進場和出場分數

某交易人以47美元買進一檔股票,當天最高價為48美元,最低價為44美元。幾天後他以51美元賣出,當天最高價為54美元,最低價為50美元。他的這筆交易,進場分數是多少?出場分數是多少?

1. 0%

2. 25%

3. 50%

4. 75%

5. 100%

問題91—交易決定

為什麼在市場收盤後做交易決定比較容易？

1. 有機會停下來思考，稍後再回到你的走勢圖去看一眼

2. 分析時不會有來自價格波動的壓力

3. 能夠比較你的股票與其他許多股票、指數

4. 可以閱讀投資建議的電子報

5. 可以請教其他交易人的意見

A. 1

B. 1和2

C. 1、2和3

D. 1、2、3和4

E. 以上皆是

問題92—行動計畫

將下列關於行動計畫的說法配對：

1. 寫下走勢圖的描述

2. 寫下下一個交易日要做什麼事

3. 寫下計畫之前先說明當時情況

4. 下單時從一張紙上唸出指示

5. 明確表示你的交易規模

A. 必須解釋是什麼因素導致你做出某個交易決定

B. 在市場收盤後寫計畫

C. 在解釋之前，先說清楚事實狀況

D. 遵守你的資金管理紀律

E. 下單時避免情緒作祟而犯錯

問題93—交易紀錄

下列哪些紀錄，交易成功不可少？

1. 交易人電子試算表

2. 淨值曲線

3. 交易日記

4. 行動計畫

5. ABC評等系統

A. 1

B. 1和2

C. 1、2和3

D. 1、2、3和4

E. 以上皆是

問題94—懷疑交易系統

懷疑交易系統，會帶來什麼結果？

1. 使得有些決定不是根據系統做出的

2. 增加了交易人可以選擇的範圍

3. 提高成功機會

4. 是交易人心理堅強的表現

5. 使交易人更懂自律

A. 1

B. 1和2

C. 1、2和3

D. 1、2、3和4

E. 以上皆是

問題95—讓別人知道自己的交易

和別人談自己未軋平的部位：

1. 可以徵求其他交易人的建議

2. 會使你更受其他交易人歡迎

3. 幫助你看到未曾考慮過的選擇

4. 提高交易成功的可能性

5. 提高長期成功的可能性

A. 1

B. 1和2

C. 1、2和3

D. 1、2、3和4

E. 以上皆是

問題96—時間管理

在金融市場交易中，時間管理包括：

1. 每週檢討你感興趣的所有市場

2. 每天檢討你持有未軋平部位的所有市場

3. 準備一份你持有股票的企業盈餘發布時間表

4. 密切注意你想進場的所有市場的開盤狀況

5. 密切注意你想出場的所有市場的收盤狀況

A. 1

B. 1和2

C. 1、2和3

D. 1、2、3和4

E. 以上皆是

問題97—ABC評等系統

將下列關於ABC評等系統的說法配對：

1. 明天可能進入這個市場交易

2. 迅速瀏覽所有市場

3. 本週不太有可能進入這個市場交易

4. 深入觀察少數一些市場

5. 幾天後可能進入這個市場交易

A. A類

B. B類

C. C類

D. 每日必做

E. 每週必做

問題98—決策樹

下列哪個組合，最吻合自主判斷交易人的決策樹：

1. 彈性的分析準則，彈性運用多個時間框架，彈性的資金管理
   準則

2. 嚴格的分析準則，嚴格運用多個時間框架，嚴格的資金管理
   準則

3. 嚴格的分析準則，嚴格運用多個時間框架，彈性的資金管理
   準則

4. 彈性的分析準則，彈性運用多個時間框架，嚴格的資金管理準則

5. 彈性的分析準則，嚴格運用多個時間框架，彈性的資金管理準則

問題99──交易優先順序

下列何者，最能描述認真交易人的優先順序：

1. 極高的利潤、穩定的利潤、生存

2. 生存、穩定的利潤、極高的利潤

3. 穩定的利潤、極高的利潤、生存

4. 生存、極高的利潤、穩定的利潤

5. 極高的利潤、生存、穩定的利潤

問題100──交易生涯

下列何者，是發展長期交易計畫的最佳順序：

1. 發展決策樹、訂定資金管理準則、保存紀錄

2. 保存紀錄、發展決策樹、訂定資金管理準則

3. 訂定資金管理準則、保存紀錄、發展決策樹

4. 發展決策樹、保存紀錄、訂定資金管理準則

5. 保存紀錄、訂定資金管理準則、發展決策樹

PART 2
答案與解析

第一章

初生之犢

問題1答案

A. 2、6

B. 3、5

C. 1、4

答對1題得1分。

　　研究一檔股票的未來走勢，以及它所屬的產業群，是認真投資者的正字標記。內部人雖然涉嫌犯罪，卻是不折不扣的投資者，因為他是根據可能使股票動起來的基本面因素採取行動。由於內部人交易和基本面分析的密切關係，讓許多經紀公司因此很尷尬。

　　交易人關注的是價格對基本面數據（包括大眾的歇斯底里情緒）的反映。看電視名嘴怎麼說而採取行動的賭徒，依然是個賭徒，因為他只顧追逐熱門小道消息，沒有獨立思考。

問題2答案

正確：2、5
錯誤：1、3、4
答對1題得1分。

　　交易人常常只注意感覺，而不是追求利潤最大化。交易人若因為害怕錯過好機會，而追買一飛沖天的股票，並不是理性的行為。專業交易人並不期望每筆交易都能贏，而且曉得市場存在大量噪音和不確定性；他們當然希望長期能獲利，而這是因為他們穩定而有紀律地交易。當一群人一致看好某筆交易，這時通常要反過來操作，因為群體往往比個人情緒化。沸騰的市場理性程度較低，為冷靜的專業交易人製造機會；平靜的市場效率較高，從別人手中賺錢變得比較困難。

問題3答案

1. E
2. D
3. B
4. C
5. A

答對1題得1分，答對第4題再額外加1分。

任何笨蛋都能進場交易（事實上他們經常這麼做），但要找到好的出場點，需要知識和經驗。進場必須事先計畫好。明智的交易人知道，必須等到市場出現他預期的狀況，他才會進場，接著他就等鴨子們的成排出現。動能交易人要抓的是脈衝行情，反趨勢交易人要抓的是價格回歸價值的走勢；兩種方法都可以獲利，只要你每次都清楚知道自己要做什麼。在分析價格和指標時，你不應該忘記資金管理是交易不可或缺的要素，每筆交易都必須根據嚴格的資金管理準則去選擇。

問題4答案

1. C
2. A
3. A、B、C
4. B、C
5. A、B、C

答對1題得1分。

選擇權對大多數買家而言，是致命的遊戲，因為買家必須一次跳過三個圈，也就是選對交易工具、價格和時間。買了股票，你就成為一家公司的部分所有者，而期貨和選擇權交易只給你一張未來交割的合約，而且允許你在到期日之前收回承諾。交易人

如果缺乏資金管理技能，在任何市場都會賠錢，但在選擇權或期貨市場賠錢的速度會比在股票市場快。在任何市場中，趨勢都是你的朋友，沒有理由在價格下跌時買進。

問題5答案

1. A、B、C
2. C
3. B
4. D
5. A

答對1題得1分。

　　積少成多，手續費、滑價以及各項雜費，也會侵蝕交易人的帳戶。長期而言，它們的影響大過絕大多數交易。手續費由經紀公司訂定，滑價通常可避免，而各項雜費能由交易人自己控制。滑價是市價單和成交價之間的距離，它在市場平靜時較小，在市場騷動時變大。沒有一種費用微不足道，它們會提高你通向成功的障礙。手續費（有時包括滑價）是你為了取得進入交易競技場的特權而支付的費用，它們兩者加在一起，再低也會高於某個水準。

問題6答案

5。答對本題得5分。

　　一個很重要的生存要素，是確定任何一筆交易承受的風險，最高不超過帳戶的某一百分率。要讓交易人4和5出局，需要連續虧損50筆交易，而對交易人3來講，只需要5筆虧損就夠了。帳戶金額較大有幾個好處：服務成本吃掉帳戶的百分率較低，以及分散投資比較容易。

問題7答案

C. 3和4，答對得5分。答B則得2分（答對其中之一）。

　　盈餘報告很重要，但市場對盈餘報告的反映透露更多事情。當一檔股票在糟糕的盈餘報告公布後沒有下跌，表示底部已經不遠。而一個稍稍令人失望的盈餘報告卻引發一波劇跌，表示價格會進一步走軟。當絕望的生產商拋售多餘庫存，期貨價格可能跌到生產成本之下，但不會一直待在那裡。即時資訊只會讓交易新手分心，就像同時關注多個市場會使交易人分心那樣。週線圖提供重要的長線視角，但無知者即使拿到最好的軟體也毫無用處，因為知識和技能比任何工具重要。

問題8答案

A. 1

B. 3

C. 5

D. 2、4

答對1題得1分。

　　基本面分析研究的是供給和需求。長期而言，價格由供需推動。市場技術派則試圖解讀市場大眾的行為。兩者都可以用來做交易決定，但基本面對長線投資人比較重要，技術面對短線交易人比較重要。兩者都不是要預測未來價格，它們只告訴你市場正發生什麼事，由你決定怎麼玩未來的概率。兩者都不能自動化操作，就像齒科治療和駕駛做不到自動化一樣。

為自己評分

　　低於31分：差。不要失望，你才剛開始測試自己。回去重讀以下的推薦書籍，然後再做本測驗。

　　31-36分：良。你掌握了基本概念。查看你答錯問題的答案，複習它們，幾天後再做本測驗。

　　37-41分：優。有了這個程度的理解，你已準備好進入下一階段，學習交易成功的三要素。

必讀

《走進我的交易室》，見首部曲「初生之犢」。

選讀

《操作生涯不是夢》，見「不利的勝算」。

第二章

心智——紀律的交易者

問題9答案

C. 2和5。答對得5分，答B得2分（二個中有一個正確）。

　　進場交易的理性理由只有一個——賺錢，或更精確地說，賺取高於無風險投資（如政府公債）的報酬率。用交易來逃避生活中的無聊，通常是很昂貴的消遣。紀律和決心比聰明更重要，就像邱吉爾說過的：「打鬥的激烈程度和狗的大小無關，而是取決於狗的勇猛程度。」

問題10答案

A. 4

B. 1和2

C. 3

答對1題得1分。

　　你的營業員說，股票在分割前都會上漲嗎？為什麼你不去找出歷史資料自己看看呢？如果你不能找到這些歷史資料，交易就

不是你的遊戲。投資顧問的典型投資組合所提供的報酬率，適合拿來做白日夢，卻不會告訴你：聽取他的建議後，下一年可能賠多少錢。聯邦準備理事會會事先公布它的會議時間，你應該知道這件事，並做好準備，如果不確定趨勢，就縮小你的部位。一檔股票的價格如果跌到兩年來的低點，正處於下跌趨勢，接下來就可能跌到三年來的低點；力量強大的趨勢可能持續下去。

問題11答案

C. 1、2和3。答C得4分，其他答案各得2分。

　　無知是交易新手的致命傷，但老是賠錢的人需要自省，看看自己是否有自我毀滅的習慣。資本不足的交易人無法採行穩健的資金管理方法，而資金管理攸關成功甚鉅。市場中充斥著不良建議，你自己有責任區分好建議和壞建議，或者在不確定的時候縮手不動。

問題12答案

3。答對得3分。

　　酒鬼和輸家都活在逃避中，看不見自己所處的深淵。幫助輸家或酒鬼消除逃避態度，是為他們好。壓力過大的輸家往往會出

現心理問題，但情形不像老酒鬼那樣嚴重。

問題13答案

1. C
2. B
3. A
4. D

答對1題得1分。

經營風險和虧損之間的主要區別，在於風險占帳戶資金的很低百分比。兩者都可能傷及帳戶資金，並影響交易人的生存，但深思熟慮的經營者會抑制自己的風險，以減少損失，從而提高長期生存和成功的機會。

問題14答案

B. 2和5。答B得5分，答C或D得2分。

交易的祕密就是沒有祕密。成功需要努力工作、自律、天分以及關注細節。交易時你必須全神貫注，尤其是在學習基本功的起步階段。交易規則非常吸引人——你可以在比賽開始後下注，並在比賽結束前出場。然而，為了生存和獲利的戰鬥充滿危險，

而這其中的娛樂價值又會使大部分人分心。

問題15答案

D. 1、2、3和4。答D得5分，答C或E得2分。

　　專業交易人不與大眾為伍，而是自己做決定。當市場投來一顆曲球，他不會怪任何人，而是設法了解自己應該用什麼不同方式去做。由於他事先針對漲勢和跌勢做好因應計畫，因此相對於其他人占優勢，在別人才開始思考怎麼做的時候，他已經搶先一步採取行動。他很少分享知道的事情，因為多數人問的是關於方法的問題，而他曉得成功的關鍵在於自律。這是很難傳授的。

問題16答案

E. 以上皆是。答對得5分。

　　懂得自律的人總是把交易放在第一位，而且每天都這麼做。他測試每一條準則，檢視市場以發現交易訊號，並且詳細保存書面紀錄。這能讓他檢視市場行為和本身的行為，並且做出必要修正。和別人討論未軋平的交易，是最有害的行為之一，這就是為什麼紀律的交易者不做這種事的原因。

問題17答案

1. C
2. D
3. E
4. B
5. A

答對1題得1分。

持續保存交易紀錄，最能看出你的紀律水準。分析紀錄能讓你受益，但單單開始記錄和時時更新，你就領先交易群眾一步。

問題18答案

E. 1和4。答對得4分。

所有交易人，尤其是交易新手，必須只注意少數幾個市場，並且不斷為自己的表現評分。資金太多和同時追蹤太多市場，交易時會漫不經心。賺錢是交易的終極目的，但學習如何交易是缺之不可的第一步。以金額較小的帳戶去交易，學習起來比較容易且壓力較低。感覺興奮是問題的前兆。最好的交易機會乍看之下通常很不確定，但我們會依循準則去交易。

為自己評分

低於33分：差。交易心理是交易成功的重要因素，萬萬不能忽略。交易的心理面要求，和在職場中工作的心理面要求大不相同。獨立、主動、承擔責任是優秀交易人不可少的特質。如果這部分測驗沒有得到較高分數，就不能邁入下一步。請重看推薦的讀物，好好研究，幾天後再做這部分測驗。

33-38分：良。你已經掌握了基本概念，但還不夠，因為交易心理十分重要。回頭看你沒答對問題的答案，好好想想，溫習推薦書籍，幾天後重新測驗自己。

39-44分：優，即使你沒有得到滿分。回頭看那些讓你沒有得到滿分的問題，了解自己是否真的犯錯，或只是用自己覺得可行的方法去完成心理面任務。

必讀

《走進我的交易室》第四章「心智——紀律的交易者」。

選讀

《紀律的交易者》（*The Disciplined Trader*），馬克・道格拉斯（Mark Douglas）著。

《操作生涯不是夢》，見「個人心理」和「群眾心理」。

《股票作手回憶錄》（*Reminiscences of a Stock Operator*），艾德溫・勒菲佛（Edwin LeFevre）著。

第三章
看懂走勢圖入門

問題19答案

C. 4和5。答對得4分，答B得2分（二個中有一個正確）。

　　價格不能精確反映價值，它可能在價值上下相當大的範圍內起伏。那些擁有資金、關注市場，但還沒有打定主意的交易人，會對市場產生影響。他們給買家和賣家造成壓力，迫使他們盡快採取行動。

問題20答案

1. C
2. A
3. B
4. D

答對1題得1分。

　　非專業交易人比較有可能在晚上決定該怎麼做，並在第二天早上上班前下好委託單。專業交易人比較有可能在臨收盤前主宰

市場。每一根條柱上的高價，顯示多頭力量的極限，低價則是該條柱的空頭力量極限。

問題21答案

1. C、D
2. B、C
3. A
4. E
5. B
6. D

答對1題得1分（如果只答對其中之一，得0.5分）。加分題答對另得2分，只答對部分得1分。

上升趨勢線連接漲勢的底部（如線段A），下跌趨勢線連接跌勢的頭部（如線段E）。跌勢的支撐區會變成漲勢的阻力區，反之亦然（如線段C）。有時頭部的價格走勢，就像附近底部價格走勢的投影——假向上突破B之後，出現假向下突破D。圖3.1雖然是墨西哥指數的走勢圖，但技術面分析不分國界。

在走勢圖右緣，行情從橫向盤整轉而走強。價格在假向下突破後上漲，呈現多頭型態。漲勢已經持續七天，接近一條下跌趨勢線，價格可能遭遇強大阻力——可能轉而看跌。如果價格突破

趨勢線，下一個上漲目標將是7月初的高點。

問題22答案

1. D

2. A

3. B、C、E

4. F

答對1題得1分（如果只答對其中之一，得0.5分）。加分題答對另得2分，只答對部分得1分。

　　下跌趨勢線（A）連接的是漲勢中愈來愈低的頭部，而上升趨勢線（D）連接的是不斷上升的底部。價格突破趨勢線通常表示趨勢結束。尾部型態（B、C、E）表示價格試探了某些價位並遭否定，價格從袋鼠尾彈回。我們可以和趨勢線平行，畫出通道線（F），框住看漲人氣和看跌人氣的極限。

　　走勢圖右緣正在作頭，正是多頭部位獲利了結的時機。股票已經超買，升抵它的上通道線，表示短期內看空。等價格拉回通道的下半部時再作多。

問題23答案

1. C-D、G-H
2. A、I、J
3. E
4. F
5. A-B、J-K

答對1題得1分（只答對其中之一，得0.5分）。加分題答對另得2分，只答對部分得1分。

　　在下跌途中做為支撐的價格水準，等到漲勢開始，反而成為阻力。C-D很能說明這一點。成交量突刺A、I和J顯示行情已接近尾聲。跌勢可能立即打住，如I區所示，或者價格繼續下滑，如A區和J區所示，製造出多頭背離A-B和J-K。這張走勢圖有幾個地方，價跌量增和價漲量縮，E區和F區正是如此，而這是典型的空頭市場走勢。

　　走勢圖的右緣顯示短期看漲、長期看跌，也就是短多長空。這檔股票正處於大跌趨勢中，在這張走勢圖顯示的八個月內，從95美元以上跌到接近60美元。價格緩慢上揚，向上方沉重的阻力線G-H挺進，但成交量不斷萎縮，顯示多頭力量薄弱，價格一旦達到上面的阻力線，很可能拉回。

為自己評分

低於21分：差。解圖對市場分析者來說是基本工夫。指標固然重要，但你需要先懂基礎知識。請回頭翻閱推薦閱讀，研讀它們，並在幾天後重做這部分測驗，再繼續閱讀練習本後面的內容。

21-25分：良。你了解且能使用重要的概念。但回頭翻閱推薦讀物、溫習內容、彌補不足是有幫助的。之後重做這部分測驗，再進入更高階的電腦化分析。

26-29分：優。你能輕鬆看懂走勢圖。你可以繼續往前，測驗你的電腦化技術面分析知識。

必讀

《走進我的交易室》，見第五章中的「看懂走勢圖入門」。

選讀

《股價趨勢技術分析》（*Technical Analysis of Stock Trends*），羅伯・愛德華（Robert D. Edwards）與約翰・邁吉（John Magee）著。

《操作生涯不是夢》，見「傳統的圖形分析」。

《技術面分析與股市利潤》（*Technical Analysis and Stock Market Profits*），理查・夏貝克（Richard W. Schabacker）著。

第四章

指標——一個彈匣，五顆子彈

問題24答案

1. B

2. C

3. D

4. A

答對1題得1分。

　　兩種軟體都需要使用新資料，而且兩者都能顯示走勢圖和指標，但這正是它們的不同處。工具箱協助你分析資料，但把交易決定留給你去做。黑箱宣稱能讓你從繁瑣的思考中解脫，因為它會發出交易指令。兩者都不能保證獲利，但就工具箱來說，如果你賠錢，至少能從錯誤中學習，而不是去抱怨軟體不好。

問題25答案

1. A

2. B

3. B

4. A

5. B

答對1題得1分。

　　擺盪指標的數目比趨勢指標多得多。交易時,重要的是從每一類指標中選出幾個,結合起來使用,以平衡它們提供的資訊。

問題26答案

1. B

2. A

3. B

4. B

5. A

答對1題得1分。

　　我建議你先選喜歡的時間框架,接著開始分析次高一級的時間框架,然後再回到你喜歡的時間框架。比較長期的走勢圖幫助你確認較大的趨勢,做出戰略決定。兩個時間框架已經足夠——你絕對不需要多於三個,所以當日沖銷交易人看週線圖就是多此一舉。不論就持續的期間,還是漲跌幅度來說,多頭市場的漲勢大於跌勢。

問題27答案

1. D
2. A
3. B
4. E
5. C

答對1題得1分。

　　移動平均線的傾斜方向，顯示多頭或空頭控制大局。移動平均線的時間愈短，上下波動愈厲害。部位交易人應該取收盤價的平均值，但當日沖銷交易人可以取最高價、最低價和收盤價的平均值。指數移動平均線不像簡單移動平均線，不會因為剔除舊資料而受到扭曲。移動平均線顯示市場對價值的平均共識值，在移動平均線附近買進，表示買進的是價值。

問題28答案

1. I
2. A、L
3. E、G、H、J
4. D、F、K
5. M

6. B

7. B-C

答對1題得1分（複選題遺漏一項答案，就只得0.5分）。加分題答對另得2分，只答對部分得1分。

　　移動平均線**翻轉**向上或向下，意謂著趨勢改變，這是移動平均線最重要的訊息。在一條上升EMA（指數移動平均線）買進，意謂著買進價值，但追高則會出現博傻理論交易——付出過高的價格，希望將來還有更笨的人支付更多錢來買。L處是一條下跌趨勢，在M區放空意指放空價值，希望在低於價值處回補。袋鼠尾B是雙重底的第一個低點；價格企圖游低卻沒有成功，一波強力的反彈走勢隨後出現。

　　走勢圖的右緣看空。由正往下走的EMA，可判斷趨勢下跌。放空訊號M仍然有效。把到價出場點設在前一星期的高點之上，因為當價格漲到它上方，就會完成一個小型的雙重底，包括一次假向下突破，此後EMA將**翻轉**向上。

問題29答案

1. E

2. A

3. C

4. D

5. B

答對1題得1分。

　　上通道線反映市場樂觀情緒的正常極限，下通道線反映市場悲觀情緒的正常極限。上升趨勢中，包絡線會觸及漲勢的高點，而低點可能無法觸及下通道線。下跌趨勢中，低點觸及包絡線，而高點可能接觸不到它。時間框架愈長，包絡線就愈寬；對同一個市場來說，週線圖上的包絡線寬度大約是日線圖上包絡線寬度的兩倍。一條畫得好的包絡線，包含最近市場約95%資料，而布林格通道會隨著市場的波動幅度擴展和收縮。

問題30答案

1. C、E、F

2. D、G

3. A、H、I、K

4. B、J

答對1題得1分（複選題遺漏一項答案，就得0.5分）。加分題答對另得2分，只答對部分得1分。

　　買進的時機是在趨勢上升時。而上升趨勢是由上升移動平均線來確認。在上升EMA附近買進，是一筆價值交易。而當價格

觸及上通道線，顯示樂觀情緒如火燎原，市場正處於超買情況，這時是賣出獲利的好時機。下跌趨勢則反過來操作，當EMA向下走，就在它附近放空，並在悲觀情緒瀰漫（亦即價格觸及下通道線）時回補。

　　走勢圖的右緣顯示看跌或者橫向整理。趨勢向下，價格觸及它的EMA後繼續走低。如果接下來數日內有一波反彈，漲到75美元以上，觸及EMA，你也許有機會放空，接著設法在下通道線附近回補。如果沒有這樣的走勢，就縮手不動，繼續留意那檔股票。下跌趨勢走得有點太久，你應該留意EMA走平的狀況，當它開始翻轉向上，就會發出強力的買進訊號。

問題31答案

1. B（27%）
2. C（14%）
3. D（-25%—虧損）
4. A（39%）

答對1題得1分。

　　從上通道線到下通道線，衡量通道的高度。如果某筆交易賺到這個距離的30%或更多，那就是A級交易；20%或更多，是B級交易；10%或更多屬C級交易；不到10%（包括損失）屬D級

交易。如果你沒按這個量表為自己的績效評分，交易就不算完成。

問題32答案

1. D
2. E
3. A
4. C
5. B

答對1題得1分。

　　MACD線是個初級指標，MACD柱狀圖是從它推導出來的，反映的是兩條線之間的距離。MACD柱狀圖和價格頭部與底部之間的背離，是最強的技術分析訊號之一。

問題33答案

1. F
2. E
3. A-B
4. C-D

5. B

答對1題得1分。加分題答對另得2分，只答對部分得1分。

　　價格跌到新低點A、反彈，接著跌到更低的B點，這時MACD柱狀圖形成一個較淺的底部。請注意，出現在兩個低點之間的一波小反彈漲到中線之上，「壓垮熊背」。這一強烈看漲的訊息，得到B點尾部型態的強化。價格上漲到了一個新高點C，暫時休息，接著漲到更高的D點，MACD柱狀圖則完成一個空頭背離，漲到一個很淺的頭部。兩個高點之間有一波跌勢，跌破中線。背離是MACD柱狀圖產生的最強烈訊號，但不只在E區和F區，而是在整張走勢圖，還有更多普通的漲勢和跌勢，確認市場的走勢。

　　走勢圖的右緣顯示看淡後市。MACD柱狀圖正在下跌，確認了EMA的下跌趨勢。

問題34答案

4不適用。答對得3分。

　　力度指數衡量的是昨天和今天的價格變化，但它用的是今天交易量的絕對值，而不是任何交易量的變化。

問題35答案

1. B、C
2. E、F、G
3. A
4. A、D、E、H

答對1題得1分（複選題遺漏一項答案，只得0.5分）。加分題答對另得2分，只答對部分得1分。

　　上升趨勢中，當力度指數跌到零線下方，它就發出買進訊號。除了B和C，你可以發現其他點，在這些點上EMA上升，而力度指數變為負數，發出買進訊號。下跌趨勢中，當力度指數漲到零線上方，就發出賣出訊號。E、F、G和其他很多點一樣，力度指數指出有放空的機會。在A區，當價格不斷愈跌愈低，而力度指數的底部愈墊愈高，便形成多頭背離。力度指數的突刺表示走勢衰竭。這張走勢圖呈現了這檔股票的下跌期間，但儘管如此，大多數力度指數的向下突刺，會在下跌趨勢中帶出可觀的漲幅，或者使跌勢暫停。

　　在走勢圖右緣，可以判斷行情將平中帶軟。趨勢下降，但最近的突刺打斷了跌勢，看來價格可能盤整一段時間。注意價格是否跌破低點H，或者出現多頭背離，以研判這波跌勢可能持續下去或反轉。

問題36答案

1. D

2. E

3. A

4. C

5. B

答對1題得1分。

　　EMA的傾斜方向確認了趨勢，而多頭力量和空頭力量則顯示每根條柱的高點和低點偏離EMA多遠。在上升趨勢中買進的時機，是當條柱跨在EMA上，但空頭力量開始下滑。在下跌趨勢中放空的時機，是當條柱跨在EMA上，而多頭力量開始減弱。

問題37答案

1. A、C、D

2. F

3. B

4. B-E

5. E

答對1題得1分（複選題遺漏一項答案，就只得0.5分）。加分題

答對另得2分，只答對部分得1分。

當EMA傾斜方向確認的趨勢向上，同時空頭力量變為負值後又開始走強，就發出買進訊號。這在4月到5月的上升趨勢中出現三次。相反的，當EMA顯示下跌趨勢，同時多頭力量上升到或超越零線上方，但又開始走弱，即發出放空訊號。每當多頭力量形成幾個月來的新高紀錄，就確認多頭展現巨大的力量，並預示價格會漲得更高。在進入E區之前不久，多頭力量變為負值，而這是漲勢開始以來首見；當它上升到較低的高點，然後開始走弱，就完成一個空頭背離。這個強烈的賣出訊號，得到一個袋鼠尾的確認——重要的技術面訊號經常相互確認。

走勢圖的右緣顯示看淡後市。由EMA確認的趨勢向下，空頭力量正愈走愈低，而多頭力量處於零線以下。可以等待一波向EMA方向的反彈出現，再加碼經營空頭部位。

問題38答案

正確答案是4。答對得4分。

隨機指標是一個擺盪指標，它的超買和超賣讀數能確認最佳的買進和賣出區。它的背離就像其他大多數指標，發出最強的買進和賣出訊號。隨機指標和其他擺盪指標一樣，不能確認趨勢；這是移動平均線和MACD等趨勢追蹤指標的工作。

問題39答案

1. C、E、I、J、L

2. A、B、D、F、G、H、K

3. I-J

4. A-B、G-H

答對1題得1分（複選題遺漏一項答案，只得0.5分）。加分題答對另得2分，只答對部分得1分。

　　當隨機指標的讀數到達它的上參考線又轉而向下，它確認的是超買狀況，並發出賣出訊號。當它的讀數到達下參考線又轉而向上，它確認的是超賣狀況，並發出買進訊號。指標和價格背離，提供了技術面分析最強力的一些訊號。股價漲到高點B，比A還高，隨機指標卻從較低的高點下降，發出了特別強烈的賣出訊號。這一型態在G-H區再次出現，這時股票在高於47.50美元處撞上阻力區。當不同的技術面型態都發出相同訊號，它們之間就會相互確認，強化彼此的訊息。

　　在走勢圖右緣，判斷行情將走平。股價剛剛跌到新低，而隨機指標並沒有確認這個趨勢。做好準備，指標一上揚，便採取行動。如果它從高於M區的更高水準走強，將完成一個多頭背離，從而發出強烈的買進訊號。另一方面，如果隨機指標沒有往上走而形成多頭背離，它確認的是下跌力量，不可小覷，所以要繼續放空。

為自己評分

低於58分：差。電腦化指標是強而有力的工具，能夠管窺群眾的行為。在繼續交易之前，你需要對它們懂得更多。請回頭翻閱推薦閱讀，研讀它們，並在幾天後重做這部分測驗，再繼續閱讀練習本後面的內容。

58-70分：良。你已了解電腦化技術面分析的重要概念。現在需要確定你目前的理解水準，對於你的交易風格來說是否足夠，還是應該再回頭翻閱推薦讀物、溫習內容，之後重做這部分測驗，再繼續看下去。

71-86分：優。你已嫻熟電腦化技術面分析。既然你懂得如何解讀市場，可以繼續往前測驗你的交易知識。

必讀

《走進我的交易室》，見第五章的「指標——一個彈匣，五顆子彈」。

選讀

《操作生涯不是夢》，見「電腦化技術分析」。

《技術面交易人的期貨市場電腦分析指南》（*Technical Traders Guide to Computer Analysis of the Futures Market*），查爾斯·樂伯（Charles LeBeau）和大衛·盧卡斯（David W. Lucas）著。

《金融市場技術分析》（*Technical Analysis of the Financial Markets*），約翰·墨菲（John Murphy）著。

第五章

交易

問題40答案

D. 1、2、3和4。答對得4分（答C或E算部分正確，得2分）。

　　一個好的交易系統會從大量市場資訊中，提出一些重要因素。推動市場的因素不斷緩慢變化，這就是系統參數需要隨時間調整的原因。自主判斷交易人憑著對市場的良好感覺，在不同的時間關注不同因素。所有的交易新手都只顧進場，但只有出場才能得到報酬。自動交易系統（尤其是向銷售商買來的那種）不過是賭徒的黃粱美夢。交易需要堅持不懈地工作。

問題41答案

C. 1、2和3。答對得4分。

　　一套系統必須提供正數學期望值，也就是在一段期間內，獲利大於虧損，才值得拿它去交易。要確認這一點，唯一的方法是自己測試。電腦化測試也許比較客觀，但人工測試比較接近在充滿心理壓力的市場中交易的經驗。你必須自己動手測試你的系

統，確認它是否適合你的個性和財力。除了資金管理準則等少數
不可違背的準則，交易系統的大部分參數都可以調整。就算不顧
那些準則，系統有更好的表現，你還是不應該讓自己的帳戶暴露
在無限的風險中。

問題42答案

C. 1、2和3。答對得4分。

　　儘管很多人會在賠錢之後，逃避到紙上的模擬操作中，但模
擬操作的主要價值，在於能測試你是否自律和每天做好功課的能
力。如果做得正確，模擬操作花的時間和真實交易一樣多。模擬
操作的結果十之八九會比真實交易好，因為少了真正拿錢去承受
風險的情緒壓力。

問題43答案

1. C
2. D
3. A
4. D
5. B

答對1題得1分。

　　你不能和指標的方向或數值爭辯，這就是為什麼它們的訊號比走勢圖型態更加客觀的原因。三類指標發出的訊號幾乎總是相互矛盾。技術面分析的主要挑戰之一，是調和這些衝突，以及利用它們獲利。

問題44答案

D. 1、2、3和4。答對得4分。

　　不同時間框架發出的矛盾訊號，既是挑戰，又是良機。我們可以利用它們來相互過濾，只留下最好的訊號。長線和短線走勢圖是利用「時間因子五」，根據它們與中期時間框架的關係加以定義。短線走勢圖讓你更接近市場，但更重要的是先在長期走勢圖上做出戰略決定，並從這裡開始分析。

問題45答案

3是正確的。答對得4分。

　　三螢幕系統的一個重要準則，是在幾個時間框架中做決定——從最長的時間框架到最短的時間框架。如果你同時使用週

線圖、日線圖和盤中走勢圖，那麼就在週線圖上做作多或放空的戰略決定，在日線圖上做戰術決定，並在盤中走勢圖上找進場點和出場點。

問題46答案

不可以選4。答對得3分。

向上突破時買進，使你與趨勢方向保持一致，而在行情拉回時買進，會壓低進場成本。這些都是可接受的方法，但不知道明天開盤需要支付什麼價格就下單，不是明智之舉。

問題47答案

D. 1、2、3和4。答對得4分。

出場交易有很多方法。一個比較長線的交易人會關注EMA、阻力線或通道，而比較短線的交易人關注的是通道或力度指數的突刺。採用吸引你的方法，但不要「憑感覺」做決定。如果你今天憑感覺賣出，第二天就會受不了誘惑，憑感覺買進，而這正會讓你開始惹上麻煩。

為自己評分

低於24分：差。在真正砸錢冒險之前，你需要多一點時間去學習交易。組合不同的時間框架時，測試系統和指標是交易成功的重要概念。請回頭翻閱推薦讀物，研讀它們，並在幾天後重做這部分測驗，再繼續閱讀練習本後面的內容。

24-28分：良。你已了解重要的交易概念，不過有必要回頭看看你答錯的問題。這個主題太重要了，最好不要留下任何空白。

29-32分：優。你已了解重要的交易概念。如果你對當日沖銷交易感興趣，請進入下一章，否則就跳過，直接進入第七章的進階概念。

必讀

《走進我的交易室》，見第六章中的「系統測試」和「三螢幕更新」。

選讀

《操作生涯不是夢》，見「三重濾網交易系統」。

《聰明交易》（*Smarter Trading*），佩里・高夫曼（Perry J. Kaufman）著。

《期貨市場技術面分析》（*Technical Analysis of the Futures Markets*），傑克・史華格（Jack D. Schwager）著。

第六章

當日沖銷交易

問題48答案

D. 1、2、3和4。答對得4分。

　　當日沖銷交易的獲利較小，但費用較高。市場會有很長的時間「死氣沉沉」，但一旦訊號來臨，你必須一眼看出，毫不遲疑立刻交易。相對於部位交易，當日沖銷交易部位的損失通常較小，因為賠錢的交易在每天的交易結束前都已軋平。

問題49答案

C. 1和4。答對得4分。

　　當日沖銷交易比起部位交易更需要全神貫注，因為它根本不給你思考時間。衝動行事會有致命後果，因為你沒有時間改正錯誤。做當日沖銷交易很花錢，因為它會產生很高的手續費，而且需要購買軟體、資料和其他工具，所以這是經紀公司和銷售商喜歡當日沖銷交易的原因。為了成功，你必須正視自己的衝動行為，並且努力減少它。寫下書面交易計畫，是邁向正確方向相當

有用的一步。

問題50答案

2. 低價股票不適合當日沖銷交易。答對得4分。

　　流動性和波動性，是選擇當日沖銷交易股票的兩個必要標準。你可以在交投最熱絡或最熱門的股票中，找到成交量大、波動也大的股票。對投資人來說，低價股票也許大有可為，但對當日沖銷交易人卻沒什麼用，因為它們的盤中波動幅度很窄，流動性也很低。

問題51答案

1. D
2. E
3. C
4. B
5. A

答對1題得1分。

　　盤中成交量曲線通常呈U形——開盤最初半小時和收盤前最後半小時最高。開盤之初，場外交易人湧入市場，收盤前則是由

專業交易人控制局面。開盤區間寬，可能已經確立了當天的最高價和最低價，但價格比較有可能突破狹窄的開盤區間。

問題52答案

1. B
2. A
3. D、E、F、G
4. C
5. C-H

答對1題得1分（複選題遺漏一項答案，只得0.5分）。加分題答對另得2分，只答對部分得1分。

　　向下跳空首次出現時，很難斷定它是下跌趨勢的延續，還是趨勢反轉向上前的衰竭性行情。從開盤區間向下突破，確認了下跌趨勢，即發出當天第一個漂亮的放空訊號。MACD柱狀圖出現更深的底部，顯示空頭力量日益壯大，預料價格會跌得更低。當天中，朝向EMA的漲勢，製造的是放空機會。臨收前一個小時，價格跌到新低，MACD柱狀圖則形成一個較高的底部。這個多頭背離發出買進訊號——空頭部位應該獲利了結。

　　走勢圖的右緣顯示看淡後市。趨勢向下，收盤價接近低點，預估明天會開低。當日沖銷交易的美妙之處，是不必承受隔夜風

險。我們可以等候開盤，留意開盤區間，在突破行情出現之後才進場交易。

問題53答案

C. 1、2和3。答對得4分。

　　做戰略決定的最佳時間，是在開盤之前——先想好，如果這檔股票的走勢怎麼樣，就要如何交易它。如此一來，當天在留意這檔股票時，每當設定的條件得到滿足，就可以準備好快速行動。聽小道消息沒什麼害處，只要你像處理一般股票那樣，放到相同的螢幕去做分析；也許應該把它們加進經常瀏覽清單上。在坐滿人的房間裡交易，比較有可能做出情緒化決定。成功的交易人幾乎總是坐在交易室的邊上，隔絕自己，不受大眾干擾。

為自己評分

　　低於21分：差。得到這樣的分數，你應該遠離當日沖銷交易。如果你真的想做當日沖銷交易，請回頭翻閱推薦閱讀，細心研讀，然後重做這部分測驗。

　　21-24分：良。你了解當日沖銷交易的主要概念。再加把勁，溫習你答錯的問題。這個主題很重要，不能留下任何空白！

25-28分：優。你非常了解基礎概念。請記住：下一章討論的進階概念，也可用於當日沖銷交易。

必讀

《走進我的交易室》，見第六章「當日沖銷交易」一節。

選讀

影片《艾佩爾教你當日沖銷交易》（*Day-Trading with Gerald Appel*），傑洛德‧艾佩爾（Gerald Appel）。

第七章

進階概念

問題54答案

1. E
2. B
3. D
4. F
5. A
6. C

答對1題得1分。

　　EMA的傾斜方向反映市場的慣性方向，而MACD柱狀圖的傾斜方向，顯示市場動能的方向。將這兩個指標發出的訊息結合起來，是脈衝系統的關鍵原則。為了看清動能所等候的時間愈長，你的獲利愈低。獲利了結和從成功的交易中抽身而出，是動能交易中最難處理的心理因素。

問題55答案

1. D、F
2. A、B、C、E、G、H

答對1題得1分。加分題答對另得2分，只答對部分得1分。

　　當EMA和MACD柱狀圖一起上升，買進訊號出現；兩者同時下降，賣出訊號出現。週線圖的上升趨勢（未顯示）額外提供看漲訊號。群聚的看跌訊號是上升趨勢的修正，一旦這些訊號消失，上升趨勢將展開凌厲的上漲行情。

　　在走勢圖右緣，可研判行情將走平。趨勢已持續太久，MACD柱狀圖正在走弱，收緊多頭部位的到價出場點。

問題56答案

1. E
2. B、C、F、G
3. A
4. C
5. B、D
6. D-G

答對1題得1分（複選題遺漏一項答案，只得0.5分）。加分題答對另得2分，只答對部分得1分。

　　交易日一開始就出現一連串放空訊號：向下跳空，接著是群聚的脈衝賣出訊號，然後是從開盤區間向下突破，之後是更多的脈衝賣出訊號。MACD柱狀圖的底部愈走愈低，預示著價格會下跌。最好的當日沖銷交易機會，往往在開盤時段出現，但脈衝系統在整個交易日不斷發出賣出訊號。在G點，價格跌到新低，但MACD柱狀圖完成一個多頭背離——這是盤中放空獲利了結的最後一次機會。

　　在走勢圖右緣，研判行情將走平。趨勢下降且價格走軟，收盤接近低點，但出現一個多頭背離。明天應檢查25分鐘走勢圖，並準備依照第一組脈衝系統群聚訊號採取行動。

問題57答案

B. 1和2，答對得4分。

　　對大多數人來說，錢還沒拿去冒險時，他們的看法較客觀。理性的交易人在做一筆交易前，會先估計利潤和風險，比較兩者後才決定是否交易。他會試著選擇潛在獲利大於風險的交易——兩者比值愈高愈好。如果出場目標位於通道線，那個目標會隨著時間而變化，但很重要的一點是：進場之前，對出場位置大致上心裡有數。

問題58答案

C. 1、2和3。答對得4分。

　　價格傾向於在價值上下方波動，這是在統計上得到證實的市場行為之一。通道幫助交易人確認躁狂價格水準，並在這一水準出清多頭部位或放空，以及確認抑鬱價格水準，並在這一水準回補空頭部位和作多。交易之前，要確定通道夠寬，值得交易。畫得好的通道應該涵蓋約95%的價格，但沒有一條通道是完美的。有些價格波動很強，衝出通道，而有一些波動則因為力道太弱，無法觸及通道。

問題59答案

1. A、C、D
2. B、E

正確看出訊號得1分。加分題答對另得2分，只答對部分得1分。

　　當價格觸及畫得不錯的上通道線，表示市場呈現躁狂狀態，發出賣出訊號。你可以先把賣單下在通道線。如果那天你一直待在螢幕前，也許可以等到價格衝到那條線上方、卻未能在那天創下新高時出場，或者價格展露疲態，從上方回跌、觸及通道牆時出場。回補空頭部位的時機，則是當價格跌到下通道牆時。注意C和D點之間，有個漂亮的買進訊號。價格回跌到觸及EMA，之

後展開十分凌厲的漲勢。要抓到那個買進訊號，唯一方法是每天估計翌日的EMA值，並提前一天在那個地方下買單。

　　走勢圖右緣顯示看好後市會上漲。EMA已經上揚，價格跨在EMA上，提供一個價值交易。這是買進的好時機，並且準備好在上通道線附近獲利了結。

問題60答案

正確：1、4、5
錯誤：2、3
答對1題得1分。

　　設定到價出場點時，必須同時根據技術面分析和資金管理準則，並在一進場交易就設好。大多數交易人應該下實際的到價單，只有真正自律的專業交易人，才可以用心理到價出場點。只依靠所謂的高階分析，卻不下到價出場點，是一種傲慢的表現，無數交易人因此跌得鼻青臉腫。

問題61答案

1. B
2. E

3. D

4. C

5. A

6. F

答對1題得1分。

市場噪音是指，今天的極端價格超出昨天極端價格的程度——下跌趨勢的極端價格是指高價，上漲趨勢中的極端價格是指低價。平均穿越值，是指回溯期間的平均市場噪音水準。我們將平均向上穿越值乘上一個係數後，加到高價上，以此來設置下跌趨勢中的到價出場點，或將平均向下穿越值乘上一個係數後，從低價減去，以此來設置上升趨勢中的到價出場點。

問題62答案

D. 1、2、3和4，答對得4分。

當你做對，信用交易能讓你賺更多錢，但當你做錯，就會遭到更大的打擊。它會提高交易成本，同時也提高壓力水準，因為信用交易使你的部位規模大於你的財務。交易散戶用信用交易，做對時能賺更多錢，但長期而言，表現幾乎肯定比現金交易人差。

問題63答案

1. A

2. C

3. A

4. B

5. B

答對1題得1分。

　　交投淡靜的股票，往往會從叫人昏昏欲睡的交易區間出現趨勢。如果你建立的部位是為了捕捉主要趨勢，那麼通道寬度對你來說意義不大。股票可能順著趨勢方向上下擺盪，所以需要較寬的到價出場點。波段交易需要寬通道、交投熱絡，以及在通道線獲利了結。說交易很容易的人，無論他指的是趨勢交易還是通道交易，那麼他不是天才，就是交易新手。

問題64答案

3不是決定因素。答對得4分。

　　距離到期日愈遠、離行使價格愈近、波動性和利率愈高，選擇權的價格愈貴。儘管選擇權的價格和市場波動性關係密切，卻對趨勢視而不見。

問題65答案

1. B
2. E
3. A
4. C
5. D

答對1題得1分。

　　選擇權交易的選擇範圍很大，從買進買權——交易新手喜歡採用的戰術，到對角蝶形價差交易（diagonal butterfly spreads）等，不勝枚舉。老練的交易人傾向於賣出選擇權，而不是買進。

問題66答案

C. 1、2和3。答對得4分。

　　賣出有抵選擇權是昂貴的業務，因為股票和選擇權都需要支付手續費；賣出裸選擇權，則使交易人暴露於無限的風險中。由於這些理由，資金管理是聰明賣出選擇權的基石。選擇權賣方靠出售希望以獲利，所以最好是出售不太有可能實現的希望：在下跌趨勢中賣出買權，在上漲趨勢中賣出賣權。時間對選擇權賣方有利，因為他出售的選擇權，價值會一天天減損。如果你出售的

選擇權價值所剩無幾，那就沒有理由等到期日來臨，不如把它買回以消除風險，然後做下一筆交易。

問題67答案

1. D
2. E
3. A
4. B
5. C

答對1題得1分。

　　如果你種植小麥，並賣出相同數量的期貨合約避險，你就消除了從交易到收成期間的價格風險，到時只要將小麥賣給消費者，買回期貨就行。由於期貨保證金比例極低，所以會誘惑交易新手過度交易，甘冒無法承受的風險。遠月合約在正常情況下要比近月合約的價格高，因為需要負擔倉儲和保險成本；近月合約價格較貴的逆轉市場，反映的是需求旺盛，所以後市看漲。產業內的生產者和消費者，可以合法利用內部消息交易期貨。供給推動市場的波動往往快速而猛烈；天候惡劣遠比消費者的口味變化，更快影響到供需平衡。

為自己評分

低於56分：差。假如你已經學會了普通方法，利用這些進階技巧，應該能做得更好。請回頭翻閱推薦閱讀，研讀它們，並在幾天後重做這部分測驗。

56-66分：良。你已開始理解非傳統的新方法。你可以再溫習推薦文獻，複習那些沒有答對題目的答案，幾天後再回來繼續看練習本。

67-77分：優。你已經遙遙領先他人。現在請繫好安全帶，因為你即將進入區分贏家和輸家的主題──資金管理。

推薦閱讀

《走進我的交易室》，見第六章「交易」。

選讀

《選擇權投資策略》（*Option as a Strategic Investment*, 3rd ed.），勞倫斯‧麥米蘭（Lawrence G.McMillan）著。

《期貨賽局》（*The Futures Game*, 3rd ed.），理查‧特維萊斯（Richard J.Teweles）和佛蘭克‧鍾斯（Frank J. Jones）著。

第八章

資金管理

問題68答案

5。答對得4分。

　　有正期望值的系統，能使你在一長串交易中獲利——它給你優勢，但不保證成功。一個系統給你帶來的虧損交易筆數，可能多於獲利交易，但只要獲利金額大於虧損金額，最後還是能賺到錢。每筆交易的結果都是不確定的，但設計良好的系統能使一長串的交易出現正期望值。資金管理能保護使用這種系統的交易人，但它無法使賠錢的系統變得可以獲利。

問題69答案

1. 533
2. 24
3. 69
4. 18,750
5. 37.5%

答對1題得1分。

現代社會中，不會算術也能輕鬆過活，但如果你想交易成功，就必須自行思考和計算。你可以使用電子計算器，但必須至少能用心算，估計出任何算術運算的結果。

問題70答案

3。答對得4分。

2%準則是最重要的資金管理準則，保護你不讓任何一筆交易的損失超過帳戶淨值的2%。如果你的到價出場點設得很近，每股承受的風險較小，也許可加大交易規模，但前提是要留意隔夜風險。如果你的到價出場點設得遠，每股承受較高風險，交易規模就必須縮小，因為你承受的損失金額總風險，永遠不可以超過帳戶淨值的2%。

問題71答案

B. 1和2。答對得4分，答C得2分。

根據2%準則，任何一筆交易的損失，加上手續費和滑價，承受的風險不可以超過帳戶淨值的2%。如果帳戶資金有5萬美

元，每筆交易承受的風險就不可超過1,000美元。第1筆交易：每股承受1.50美元的風險，共500股，合計750美元，可接受。第2筆交易，每股承受3美元風險，共300股，合計900美元，可接受。這兩筆交易給滑價和手續費留下空間。第3筆交易：每股承受1美元風險，共1,000股，合計1,000美元，可接受，但沒有承擔滑價或手續費的空間。第4筆交易：每股承受6美元風險，共200股，合計1,200美元，超過2%的上限。第5筆交易：每股承受2美元風險，共700股，合計1,400美元，超過2%的上限。

問題72答案

A. 1、3

B. 2、4、5

答對1題得1分。

　　永遠不要拿超過帳戶淨值的2%去冒險，是很重要的資金管理準則。2%是條分界線——風險低於它，屬於正常經營風險；高於它，就要面對發生嚴重虧損的可能。10萬美元的2%是2,000美元，2萬美元的2%只有400美元——這是每筆交易的最大容許風險。

　　第1筆交易：每股承受1.25美元風險，共1,000股，合計1,250美元——低於帳戶資金10萬美元的2%（經營風險）。第2

筆交易：每股承受2美元風險，共300股，合計600美元——高於
帳戶資金2萬美元的2%（發生虧損的風險）。第3筆交易：每股
承受1.50美元風險，共200股，合計300美元——低於帳戶資金2
萬美元的2%（經營風險）。第4筆交易：每股承受4美元風險，
共1,000股，合計4,000美元——高於帳戶資金10萬美元的2%
（發生虧損的風險）。第2筆和第4筆交易仍然可做，但交易規
模要縮小，讓風險低於每個帳戶的2%。

　　第5筆交易不下到價出場點，要是股價滑落到5美元（空頭
市場中有可能發生這種事），那會怎麼樣？如果衝破2%的風險
上限，連金額很大的帳戶也會慘遭傷害。

問題73答案

可以。答對得3分。

　　比爾準備每股承受4美元的風險，共交易100股，總風險為
400美元，外加手續費和滑價。2%準則允許他最高承受500美元
風險。他的交易處於2%準則的限度內，然而這還是有些冒險。
他仍是交易新手，承受的風險最好遠低於2%的上限。或許他應
該只操作低價股，並認真做分析，掌握進場、出場技術，不要離
2%上限那麼近。

問題74答案

可以。答對得3分。

　　由於黃金期貨合約有100盎司，金價每上漲或下跌1美元，交易人就會獲利或損失100美元。蓋瑞計畫承受300美元的風險，外加手續費和滑價。2%準則允許他最高承受400美元的風險，所以可以做那筆交易。蓋瑞的利潤目標是900美元，風險為300美元。這個比例不錯，但他的計畫顯示了小額帳戶進場交易的困難。對他不利的波動只要3美元，就能將他推到所能承受的最大風險邊緣。他或許可以考慮操作金額較小的迷你合約。

問題75答案

不可以。答對得3分。

　　在2%準則下，蘇珊的最高容許風險為1,000美元。每股承受的風險為2.50美元，共500股，總風險為1,250美元，外加手續費和滑價。這筆交易違反了2%準則。蘇珊必須減少購買的股數。如果她的交易是由受過驗證的系統發出，她應該做這筆交易，只是規模要小一些——可以交易300股，而不是500股。

問題76答案

3。答對得4分。

　　所有選項都有幫助，但沒有一個的重要性比得上有個主管來監督資金管理和維持紀律。在機構服務、表現不錯的交易員一旦離開機構，自行交易，很少能達到從前的績效水準，原因是沒有主管盯著他們。交易散戶必須當自己的經理，這就是為什麼寫下交易計畫，根據遵循計畫的程度為自己評分，非常重要。

問題77答案

2。答對得4分。

　　月初記錄你的帳戶規模。根據6%準則，你必須在淨值下降超過6%時，立即停止交易，當月剩下的交易日就不許進場。因為你這時下單交易的風險最大。帳戶承受的總風險永遠不會超過6%，因為你不會再做另一筆交易。遵照2%準則，你可以持有三個以上的部位，只要每個承受的風險低於2%。

問題78答案

可以。答對得4分。

帳戶9萬美元的6%等於5,400美元——這是安那個月容許的損失風險。她已經在交易A和B共損失了2,400美元，但交易C和D正朝著對她有利的方向發展，到價出場點下在損益兩平處，這兩筆交易都沒有賠錢的風險。這使得她容許承受風險的金額減為3,000美元。交易E會使1,500美元暴露於風險中——這低於帳戶的2%，而她當月的總風險仍低於6%。

問題79答案

不可以。答對得4分。

帳戶15萬美元的6%等於9,000美元——這是彼得當月容許的損失風險。不管他月初有多少獲利，他已經損失了月初淨值的5,000美元，而且還有兩筆未軋平交易，各承受1,900美元和1,700美元的風險，總共有8,600美元已經虧損或正承受風險。除非他有意軋平承受風險的兩筆交易中的一筆，釋出足夠的風險資本去做新的交易，否則沒有再做一筆交易的空間。

問題80答案

可以。答對得4分。

帳戶3萬美元的6%等於1,800美元——這是吉姆當月容許的

損失風險。到目前為止,他損失了500美元,此外還做了兩筆獲利的交易。如果他用同樣的規模交易D和E,設置的到價出場點也和前幾筆交易相似,那麼他承受的總風險將是1,500美元——低於每月的上限。

問題81答案

正確:1、3、5
錯誤:2、4
答對1題得1分。

　　任何一筆交易承受風險的金額愈少,你就可能較為客觀,交易獲利的可能性也愈高。交易人很重要的一個做法,是以相當一致的規模交易,並在發生虧損時縮小規模。加大交易規模試圖翻本、撈回損失,是典型的業餘交易人行為。專業交易人規劃交易時,總是把安全和生存放在第一位,賺大錢在於其次。最好的交易往往把到價出場點設得很緊,如此就能建立大部位,卻只冒相當小的風險。

問題82答案

2。答對得4分。

交易過度意指你的帳戶承受太大的風險。每天做三筆交易，對當日沖銷交易人來說是合理的水準，活躍的波段交易人在市場波動激烈期間，每週可能做上十筆交易。對10萬美元的帳戶來說，每筆交易承受的最大風險是2,000美元，如果在支撐點上方買進，並將到價出場點設得很緊，也許可以做較大規模的交易。10萬美元的帳戶，每月承受的最高風險是6,000美元，允許五筆各冒1,000美元風險的未軋平交易。持有十筆未軋平部位，承受的風險高達7,500美元，就是違反6%準則，表示交易過度。

為自己評分

低於54分：差。通不過這部分測驗的人很多。大部分人對資金管理的認識都不夠。你必須快馬加鞭，趕緊學習，這方面的交易知識不容跳過！請回頭翻閱推薦閱讀，研讀它們，並在幾天後重做這部分測驗。

54-60分：優。你已經表現出很少人具備的交易理解水準。將你的所知付諸實際運用，應該能夠領先別人。現在請進入下一個重要的主題——紀錄保存和負起責任。

必讀

《走進我的交易室》，見第七章「資金管理方程式」。

選讀

　　《投資組合管理公式》（*Portfolio Management Formulas*），
拉爾夫・文斯（Ralph Vince）著。

第九章
井然有序的交易人

問題83答案

要素3正確。答對得3分。

　　這裡列舉的所有要素都很重要，但沒有一個比紀律重要。市場充滿聰明、經驗和想像力豐富的人，他們受過很好的訓練，仍然賺不到錢。紀律是關鍵要素，沒有它，其他要素都無法起作用。

問題84答案

2。答對得4分。

　　紀錄保存良好，是自律交易的關鍵因素，能減少交易錯誤。但是，無論你紀錄做得多好，交易多熟練，都不能放鬆資金管理紀律——要說有什麼不同的話，那就是隨著交易人表現得愈來愈出色，他們傾向採用更嚴格的資金管理準則。

問題85答案

E. 以上皆是。答對得4分。

　　進場和出場日期，以及價格水準，是電子試算表的基本起點。注意各種費用支出也有幫助。比較老練的交易人會用電子試算表，計算每筆交易的表現分數，也就是獲利占交易通道的百分率。他也對進場和出場的品質評分，也就是看他的買點或賣點是否比較接近日條柱的頭部或底部。

問題86答案

C. 1、2和3。答對得4分。

　　如果你想把交易當作事業經營，就必須知道任何時點的現金部位。交易帳戶的淨值，包括所有未軋平部位的當前價值（依市值計算獲利和虧損），以及現金和相當於現金的資產（如政府公債）。交易帳戶以外的資金（如存款和信用額度）則與你的淨值無關。

問題87答案

5號交易人的淨值曲線最佳。答對得4分。

　　4號交易人的獲利最高，但他的賠損也十分嚇人。28,000美元的賠損，超過他起始淨值的四分之一。要是這麼深的賠損發生在資金管理期間之初，那會怎麼樣？不管將來逆轉得多漂亮，這樣的交易方式勢必招來災難。大多數基金經理人重視的是獲利穩定，以及賠損金額小。如果你的賠損從未出現過兩位數，你的績效一定十分出色。

問題88答案

4。答對得3分。

　　每次進場或出場，只用一張走勢圖來判斷或許不夠，因為進場和出場往往相當複雜，牽涉到幾個參數。你或許應該列印週線圖、日線圖、盤中走勢圖用於進場，列印日線圖和盤中走勢圖用於出場。但要是每次進場或出場，都列印五張走勢圖就太多了；交易決定最好縮減到根據少數幾個關鍵參數。

問題89答案

C. 1、2和3。答對得4分（答D得2分）

　　因獲利而沾沾自喜，或因虧損而悲傷，無助於改善將來的表現。我什麼事情做對了？我是否犯錯？下次應該用什麼不一樣的

做法？專注、自律的交易人會不斷問自己這些和其他問題，交易日記則幫助他們回答問題。

有足夠的自律並能保存良好交易紀錄的交易者，具備了持續獲利所需的紀律。不過，交易人如果非常活躍，要記錄每一筆交易也許不可行。這種情況下，務必嚴格按照固定的順序記錄，例如每第二筆、每第三筆或每第五筆就做一次交易紀錄，而不是只記錄那些「有意思」的交易，跳過那些「普通」的交易。哪些有意思，哪些普通，只有等到交易軋平後才知道。

問題90答案

進場—4.75%

出場—2.25%

答對1題得2分。

進場分數評估進場品質，以當天區間的百分率來表示。如果當天高價為48美元，低價為44，而你買在47，那麼你的進場分數為75，這意謂著你錯過了當天區間的75%。買進時，百分率愈低愈好。

出場分數評估出場的品質。如果當天的高價為54美元，低價為50，而你賣到51，那麼你的出場分數為25，這表示你抓住了當日區間的25%。賣出時，百分率愈高愈好。

理想的買進分數要低於50%，理想的賣出分數要高於50%。
要做到這一點乍看之下很容易，實際上要難得多。

問題91答案

C. 1、2和3。答對得4分（答B得2分）。

價格快速變動對人的影響，就像吃角子老虎的噪音和閃爍的
燈光那樣，誘惑人們投進下一個硬幣。市場收盤後，交易人有充
裕的時間，做出買進、賣出，還是縮手觀望的決定。拿你的股票
和期貨，與其他股票和期貨比較，可以給你的決定過程多加一個
額外面向。還沒做某筆交易，就去詢問其他人意見，是很不好的
做法——那些交易是你的，也要交由你決定。

問題92答案

1. A

2. B

3. C

4. E

5. D

答對1題得1分。

要描述一幅走勢圖，你必須關注一些特定訊號，因為它們，我們才會做出交易決定。即時走勢圖經常誘惑交易人加入情緒激動的群眾行列，而照著原本列印出來的內容讀出你的交易指令，可以強化紀律。如果你本來準備買進橫向整理的一檔股票，但第二天早上它跳空上漲，而這樣的走勢不在你的計畫中，那就沒有理由進場交易。當某檔股票表現出你沒預料到的走勢，就是發出清楚訊號，說你的決定和市場不合拍，這時下單交易就不是好主意。

問題93答案

D. 1、2、3和4。答對得4分。

交易人電子試算表記錄了每筆交易的基本內容，包括它的表現分數。淨值曲線追蹤帳戶整體的健康狀況。交易日記利用視覺化紀錄，讓你從過去的交易中學習。行動計畫幫助你冷靜自律地面對下一個交易日。以上這些紀錄，對於成功來說都不可或缺，只有ABC評等系統可有可無。如果你要追蹤大量的股票和期貨，就需要它，但如果只追蹤少數幾檔股票或期貨，就不需要。

問題94答案

B. 1和2。答對得4分。

　　懷疑系統，或者根據系統之外的因素做交易決定，會加大選擇的範圍，卻降低成功機會。猜疑會提高心理壓力的水準、干擾紀律，導致衝動交易。

問題95答案

C. 1、2和3。答對得4分。

　　把你的未軋平部位告訴別人，就像邀請他們來看你與愛人之間的肌膚之親。這會使你受歡迎，別人也會好心建議你建立不曾考慮的部位，但這些都不可能得到成功的結果。你應該堅強承擔起一筆交易的所有責任，只有在軋平之後，才可以和別人討論。

問題96答案

E. 以上皆是。答對得4分。

　　交易需要資本，也需要時間。你需要每週至少一次檢討你感興趣的所有市場，時間可選在週末。所有未軋平部位則需要每天檢查。你需要有一張時間表，列出可能影響你所交易市場的所有

重要新聞的發布時間，以便決定是要繼續持有部位、減碼經營，還是出場。從開盤區間突破，能幫助交易人確定如何進場；臨收時價格走軟，則發出軋平交易的訊號。你投入市場的時間愈多，市場回報你的利潤可能愈多。

問題97答案

1. A
2. E
3. C
4. D
5. B

答對1題得1分。

　　ABC評等系統，幫助交易人更有效利用時間。它要求你每週檢討追蹤的所有市場，並將它們分成三類。A類是最有機會交易的市場，而且通常是數目最少的一類，你研判明天就有交易機會。A類中的股票或期貨必須每天深入檢討。B類的股票或期貨，是你預期幾天內有交易機會，兩、三天後應該檢討它們。C類的股票或期貨，你研判一星期內不會有交易機會，可以把它們放在一邊，等下週再研究。

問題98答案

4。答對得4分。

嚴格的資金管理準則，是任何交易計畫的基石，讓你能長期生存和成功。系統交易人必須絕對嚴格遵守他的分析準則，但自主判斷交易人享有某種程度的彈性。只要他分析多個時間框架，而且交易時不違反他的準則，就有相當大的空間，可以選擇所用的指標和方法。

問題99答案

2。答對得4分。

交易新手深受獲利可觀的故事所吸引，但專業交易人關注的是生存第一。這就是為什麼任何一個好的交易計畫，都是建立在資金管理準則上。下一個目標，才是獲得穩定的利潤。一旦這個目標持續不斷實現，我們就可以花更多時間尋求不同凡響的獲利機會。這樣一來，當我們的分析正確，市場也配合得好，有時就能獲得超乎尋常的報酬。

問題100答案

5。答得4分。

嚴肅的交易從保存好交易紀錄開始。保存好紀錄之所以重要，是因為它讓你在試用不同的技術時，能從錯誤和成功中學習。接下來重要的一步，是設定資金管理準則，並且記錄你是否確實遵循。第三步是發展決策樹。

為自己評分

低於60分：差。如果你沒有通過這部分測驗，請回頭翻閱原書，重新閱讀相關章節，然後再做這部分測驗。這個主題很新，在交易文獻中受到忽視，以至於大多數人對它毫無所知。如果你能精通，將遠遠領先其他投資者。

60-72分：優。你對交易紀錄的理解超群出眾！現在要做的事，是建立自己的紀錄，以及交易成功！

必讀

《走進我的交易室》，見第八章「井然有序的交易人」和第九章「靠交易維生」。

PART 3
讓我們來交易：
個案研究與問題

讓我們來交易

你交易的時間愈長，學到的愈多——練習會使你成為更好的交易人。一定要多做許多小規模的交易，並且仔細記錄每次進場和出場。好紀錄能幫你從經驗中學習。小規模的交易能幫助你抑制情緒，一旦你成為勝任的交易人，以後會有很多機會提高交易規模。

記住《走進我的交易室》裡的一段話：

保存好紀錄，對你的成功貢獻最大。如果你能一絲不苟地保存紀錄、檢討它們，以及從中學習，你的表現一定會逐日改善。如果你遵循資金管理準則，足以確保你在學習階段生存下去，那麼你肯定有成功的一天。

練習本的PART 3，給你機會練習做交易決定和紀錄。看PART 3的走勢圖時，就像看你交易日記中的走勢圖一樣。對走勢圖中的型態和指標訊號做記號，並在最重要的地方寫下你的評論。做出你的交易決定後，翻到「答案」那部分，比較你和我寫的內容，也為你的表現評分。

　　有許多做交易決定的方法。一些認真的交易人用基本面分析，有些人是用技術面分析，還有一些人將兩者結合起來使用，賭徒則「憑感覺」交易。我喜歡注意重要的基本面資訊，但偏愛的方法是技術面分析。價格、時間和成交量，反映所有市場參與者的行為——聰明和愚笨的、自律和好賭的、富的和窮的、長線和短線的市場參與者，都在裡面。價格和指標是多頭和空頭的腳印，我們就來練習解讀這些腳印，從而發現該走的路。

　　PART 3的走勢圖，是2001年12月的資料，距離紐約911恐怖攻擊事件不久。在這種充滿壓力的時刻，基本面快速變化，技術面分析可以大顯身手。

如何利用這些個案研究

　　每筆交易有三張走勢圖——兩張用於進場，一張用於出場。進場有週線圖和日線圖。週線圖會顯示約一年半的交易歷史，上面有一條26週EMA（實線）、一條13週EMA（虛線），以及MACD柱狀圖。日線圖的結束日期相同，包含幾個月的資料，並有22日和13日EMA（分別為實線和虛線）、2日力度指數和MACD柱狀圖。決定出場和再進場時，有更新後的日線圖可用，而這張日線圖，除了上面所說的訊息，還有一條以長期EMA為中心的交易通道。

　　這些走勢圖採用了我喜愛的一些指標，但還有其他很多指標

Study Guide for Come Into My Trading Room

可用。在一本練習本中，很難提到所有重要指標，尤其是因為認真的交易人總是會更換他們的工具組合。我這麼選擇的最主要目的，是要突出使用多重時間框架的重要性——在週線圖上做戰略決定，在日線圖上做戰術選擇。我也要說明有必要將數個指標——趨勢追蹤和擺盪指標，合在一起使用，以評估市場行為的不同面向，並做出合乎理性的交易決定。

每一張走勢圖，你必須尋找、標示並記錄至少兩個重要的交易訊號。標對一個訊號得1分，發現額外的交易訊號可以加分。一定要記錄你走過的每一步。

走勢圖共有八組，代表八筆交易。你首先要找到進場點，然後對那次進場的表現評分。之後，找到出場點，並且利用「答案」部分的評分標準，再次對你的表現評分。如果你對自己的表現感到滿意，就進入下一筆交易，重複上述過程。如果你發現某筆交易表現不佳，請回頭翻閱《走進我的交易室》，溫習相關章節，然後再繼續做下去。這個過程將使你遙遙領先業餘交易人和賭徒——這些人沒頭沒腦就一頭栽進市場，追逐快錢，結果總是被抬出去。吸收知識、保存紀錄和小心謹慎，對你的長期成功至關重要。在金融市場，只有長期成功才有意義。

不要試著在一天內做完全部八個練習。讓自己有足夠的時間去思考、反省、溫習相關章節，並研究螢幕上的其他走勢圖。不妨用一星期以上的時間做完這些練習。

研究這八筆交易時，建議可依下列步驟：

164

1. 仔細閱讀「進場問題」頁，該頁有兩張未做記號的走勢圖——週線圖和日線圖。

2. 在每張走勢圖上標出兩個或更多個交易訊號，做出進場決定，並把它記錄下來。

3. 翻到該筆交易的「進場答案」頁，並對你的進場表現評分。如果分數令人滿意（高於及格分），照著下面步驟繼續進行；否則就回頭翻閱《走進我的交易室》，研讀相關章節。

4. 翻到「出場問題」頁，上面有一張更新後、未做記號的日線圖。趕快用一張紙遮住這一頁。

5. 緩緩地從左到右移動紙張，直到露出標示進場交易的垂直箭頭為止；從那一天開始，緩緩將紙向右移，每次移動一天，等到每天都出現才停止。

6. 每當你根據走勢圖或指標訊號，見到一個出場點，就將它標示出來；每當你看到一個可能的再進場點，同樣將它標示出來。大多數走勢圖都有超過一個出場點和再進場點。

7. 一旦你到達走勢圖的右緣，就翻到「出場答案」頁，並對自己的表現評分。如果分數令人滿意（高於及格分），就照著下面的步驟繼續進行；否則就回頭翻閱《走進我的交易室》，研讀相關章節。

8. 進入下一筆交易，重複上述的過程。

　　技術面分析一半是科學，一半是藝術；一半客觀，一半主

觀。交易時，技術面分析的使用方法分兩大類：系統法和自主判斷法。系統交易人測試每一步，並將其設為自動執行。自主判斷交易人隨市場的演變，改變使用的工具。如果你是系統交易人，那就要測試所有工具，並以絕對始終如一的方式運用它們。我是自主判斷交易人，所以我每過一陣子就調整使用的工具，並研判指標訊號。個中訣竅是只預期一小段時間，而不冒險看得太遠，同時以資金管理來保護。

明智交易人的看法，也許和交易訊號不同，這正是為什麼專業交易人不太可能在這些測驗拿滿分的原因。他會將自己的個性放進決策過程中，並以略為不同的方式解讀市場。一位經驗豐富的交易人如果能獨立判斷、保存良好紀錄，和採行穩健的資金管理方式，我就會說他是一位贏家。

如果你用不同角度看走勢圖呢？我擔心提問的電子郵件會如雪片般飛來，但我沒有時間全部回覆。我們可以針鋒相對、爭辯到深夜的唯一地方，是交易人訓練營。帶著你的不同意見來訓練營，我們可以在那兒解決爭議。一定要好好記錄自己所做的決定。現在，就來尋找交易機會吧！

交易1：甲骨文公司（Oracle Corp）ORCL—進場問題

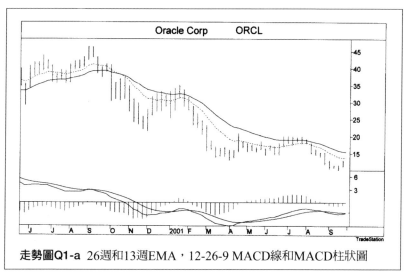

走勢圖Q1-a　26週和13週EMA，12-26-9 MACD線和MACD柱狀圖

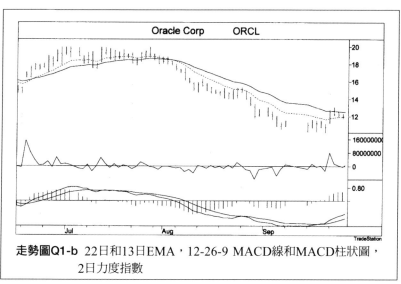

走勢圖Q1-b　22日和13日EMA，12-26-9 MACD線和MACD柱狀圖，
　　　　　　2日力度指數

在週線圖和日線圖上，至少標示兩個交易訊號，並在走勢圖的右緣做出交易決定。記錄你所做的決定前，不要翻過此面，或翻看「答案」頁。

交易1：甲骨文公司ORCL──出場問題

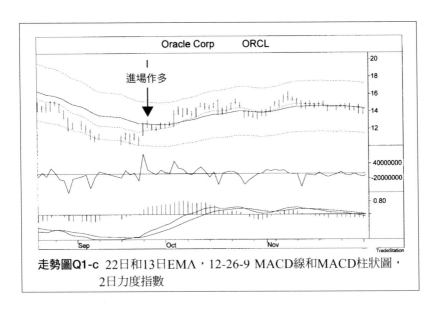

走勢圖Q1-c 22日和13日EMA，12-26-9 MACD線和MACD柱狀圖，2日力度指數

你不會因為進場而獲得報酬，只有出場才會。交易新手將大部分時間花在尋找交易機會上，很少去想怎樣出場。事實上，大多數交易在某一時點是獲利的，但儘管如此，大多數新手的大部分交易都賠錢。他們賠錢的原因是沒有在正確時間出場。

這個練習的目的，是幫助你學習尋找出場點和再次進場點。

用一張紙遮住這張走勢圖，讓你只能看到它的左緣到你進場交易的位置。然後，緩緩向右移動紙，一次只看一個交易日，停下來觀察和分析眼前的走勢。

如果你認為自己發現了不錯的出場點，在圖上標示出來。翻開「答案」頁，你會看到幾個出場點和再進場點。你將能比較你的註記，並給自己評分。

交易2：昇陽（Sun Microsystems）SUNW—進場問題

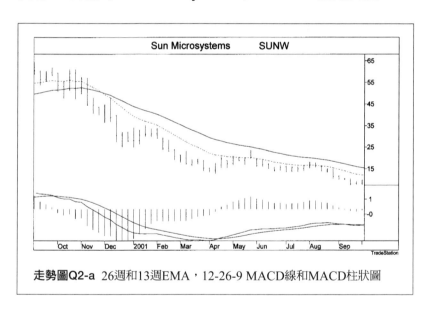

走勢圖Q2-a 26週和13週EMA，12-26-9 MACD線和MACD柱狀圖

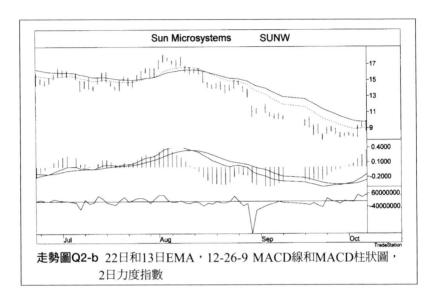

走勢圖Q2-b 22日和13日EMA，12-26-9 MACD線和MACD柱狀圖，
2日力度指數

　　在週線圖和日線圖上，至少標示兩個交易訊號，並在走勢圖
的右緣做出交易決定。記錄你所做的決定前，不要翻過此面，或
翻看「答案」頁。

交易2：昇陽 SUNW—出場問題

　　用一張紙蓋住這張走勢圖，從左向右移動，直到你看見垂直
的箭頭，標示出我們在10月作多SUNW的日子。繼續向右移動
紙張，每次亮出一天。分析每一天的行情，並標示出場點和再進
場點。然後，翻開「答案」頁，比較答案和你的註記，並給自己
評分。

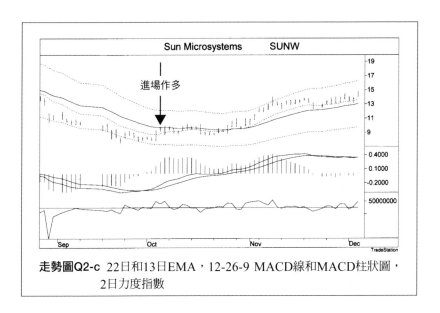

走勢圖Q2-c 22日和13日EMA，12-26-9 MACD線和MACD柱狀圖，
2日力度指數

　　做一筆交易就像跳進一條湍急的河流。相較於出場點，你較能控制進場點。你可以等到絕佳或近乎絕佳的點出現再跳進去。跳出激流就要難得多，因為水流湍急，嶙峋的河岸也會增添上岸的難度。等待進場時，唯一的風險是錯過機會，而市場多的是機會。出場的難度要大得多——你希望股價往對你有利的方向走到最大限度，卻不願冒失去帳面利潤的風險。

交易3:克洛爾公司(Kroll Inc) KROL—進場問題

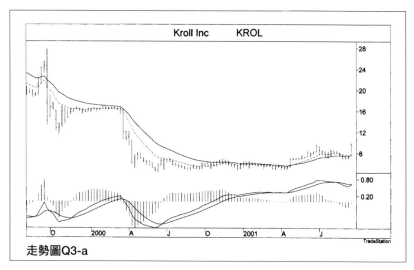

走勢圖Q3-a

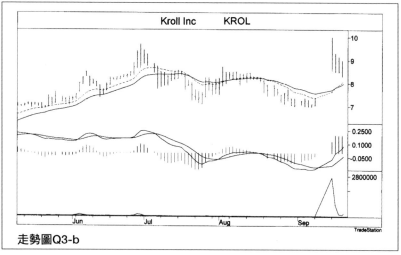

走勢圖Q3-b

　　這家公司提供企業保全服務，在911事件後不久，它躍上我
的交易螢幕。

　　在週線圖和日線圖上，至少標示兩個交易訊號，並在走勢圖
的右緣做出交易決定。記錄你所做的決定前，不要翻過此面，或
翻看「答案」頁。

交易3：克洛爾公司 KROL─出場問題

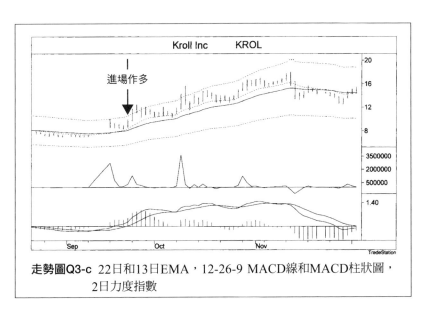

走勢圖Q3-c 22日和13日EMA，12-26-9 MACD線和MACD柱狀圖，
　　2日力度指數

　　和前面一樣，用一張紙蓋住走勢圖，緩緩從左向右移動它，
每次亮出一天。分析每天的行情，並標出可能的出場點和再次進
場點──每一筆交易總有幾個出場點和再次進場點。我會標示在

後面的「答案」頁上。找到正確的出場點會為你得分。

我們在9月份箭頭標示處作多KROL，現在，得決定在什麼地方出場。對於部分基於基本面因素、部分基於技術面因素的一筆交易來說，這是相當困難的決定。基本面有支撐，意謂著我們必須相信多頭正引領市場走勢，不要急於出場。同時，我們最後必須信任技術面指標，用它們來決定出場。

交易4：英克隆公司（Imclone Systems）IMCL──進場問題

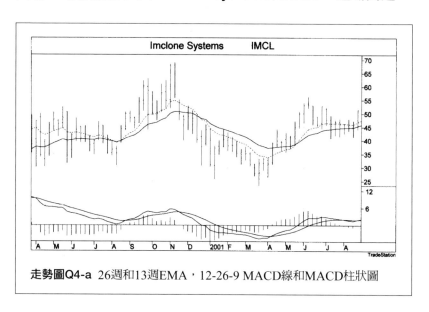

走勢圖Q4-a 26週和13週EMA，12-26-9 MACD線和MACD柱狀圖

英克隆是一家生物製藥公司，致力開發癌症治療藥物。

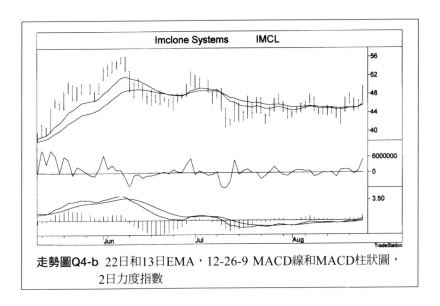

走勢圖Q4-b　22日和13日EMA，12-26-9 MACD線和MACD柱狀圖，
　　　　　2日力度指數

交易4：英克隆 IMCL—出場問題

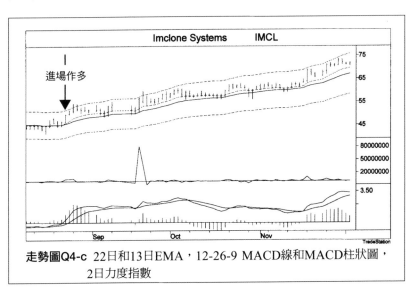

走勢圖Q4-c　22日和13日EMA，12-26-9 MACD線和MACD柱狀圖，
　　　　　2日力度指數

　　用一張紙蓋住走勢圖，緩緩從左向右移動它，一次亮出一天。標示進場點和出場點，並針對每一點記下一些看法。後面的「答案」頁上，我們會檢討它們。找到正確的出場點或再進場點，會為你得分。

　　我們在8月份箭頭標示處作多IMCL。走勢圖型態和指標訊號，能幫助我們決定在什麼地方獲利了結，什麼地方再次作多。看一張舊走勢圖，後見之明的好處是似乎很容易就讓你長期持有部位。如果你將圖遮起來，每次只推進一天，就會重溫若干程度的不確定性和交易時的心理壓力；賺取短線利潤突然變得很有吸引力。

交易5：小麥—進場問題

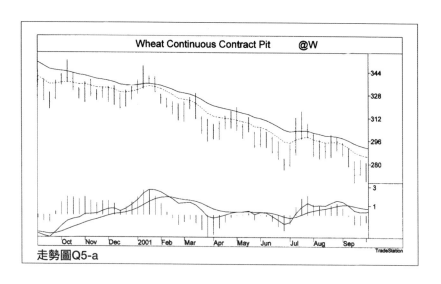

走勢圖Q5-a

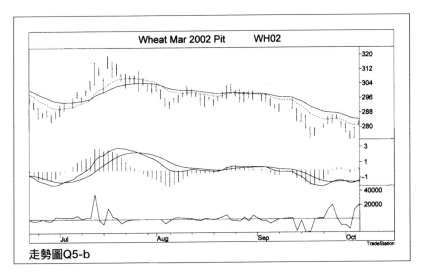

走勢圖Q5-b

技術面分析的準則，適用於任何自由交易市場，包括股票、期貨和外滙──它適用於大多數交易工具。許多受歡迎的技術面工具，最初都是為了商品期貨開發的，後來才運用到股票上。

交易5：小麥──出場問題

測試一套交易系統的最好方法，是一次點按一天的資料來看。要從一張走勢圖學習，可以先用一張紙將它遮起來，然後將紙從左到右移動，每次移一天。標示所有的進場點和出場點，並針對每一點記下一些看法。然後，對照後面的「答案」頁，若找到正確的出場點或再進場點即可得分。

我們在10月份箭頭標示處作多小麥。利用走勢圖型態和指標訊號來決定在什麼地方獲利了結，以及在什麼地方再次建立多

頭部位。遮住走勢圖，每次前進一天，就會重溫若干程度的不確定性和交易時的壓力。

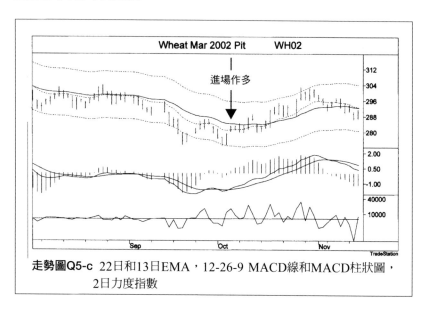

走勢圖Q5-c 22日和13日EMA，12-26-9 MACD線和MACD柱狀圖，2日力度指數

交易6：Vimpel通訊（Vimpel Communications） VIP——進場問題

從這一組圖，又可看出技術面分析的普遍性。這是在紐約證券交易所掛牌的一檔俄羅斯股票的走勢圖——它是莫斯科一家手機公司。

在週線圖和日線圖上標示至少兩個交易訊號。

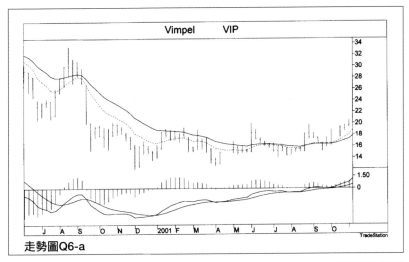

走勢圖Q6-a

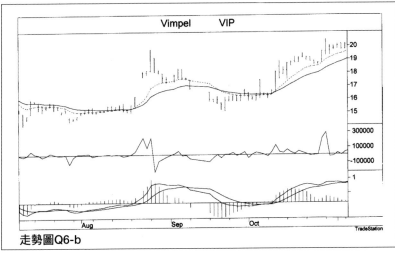

走勢圖Q6-b

交易6：Vimpel 通訊VIP—出場問題

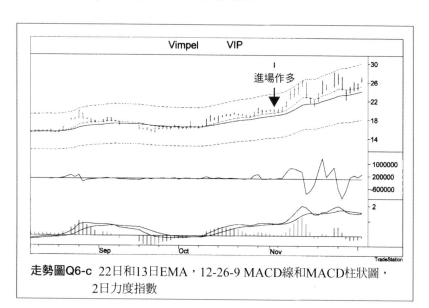

走勢圖Q6-c 22日和13日EMA，12-26-9 MACD線和MACD柱狀圖，
　　　　　2日力度指數

　　用一張紙蓋住走勢圖，從左向右移動，以一次一根條柱為移動單位。標示所有的進場點和出場點，並針對每一點記下一些看法。走完之後，對照「答案」頁，找到正確的出場點或再進場點即可得分。

　　我們在10月份箭頭標示處，接近短期EMA的地方作多。請利用走勢圖型態和指標訊號，決定在什麼地方獲利了結，以及在什麼地方再次建立多頭部位。遮住走勢圖，每次亮出一天，可以重溫交易這檔異國股票時的若干壓力。

交易7：IBM公司 IBM—進場問題

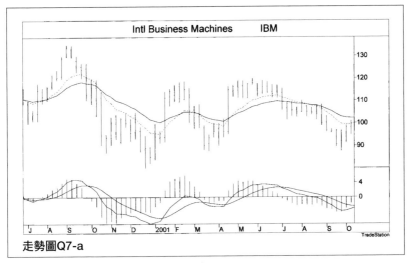

走勢圖Q7-a

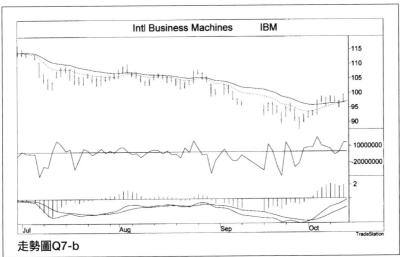

走勢圖Q7-b

很多機構持有「大藍」IBM的股票。它是績優股俱樂部的當然會員，它會波動，但不太可能像許多「阿貓阿狗」股那樣飆漲或狂跌。

在週線圖和日線圖上，至少標示兩個交易訊號，並在走勢圖的右緣做出交易決定。

交易7：IBM公司 IBM—出場問題

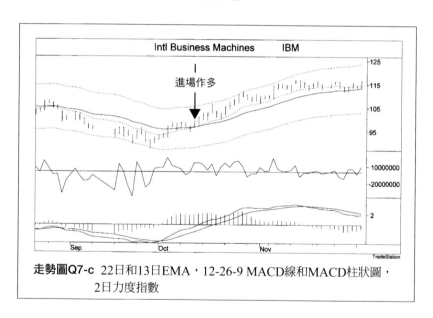

走勢圖Q7-c 22日和13日EMA，12-26-9 MACD線和MACD柱狀圖，2日力度指數

用一張紙蓋住走勢圖，從左向右移動，一次亮出一根條柱。找出進場點、出場點和再進場點，一一標示出來，並簡短寫下一些看法。做完這件事之前，不要翻閱「答案」頁。

　　我們在10月份箭頭標示處，接近短期EMA的地方作多。請繼續一次一天追蹤IBM這檔績優股，找到在什麼地方獲利了結，以及在什麼地方再次建立多頭部位。

交易8：拜維爾藥廠（Biovail Corporation）BVF—進場問題

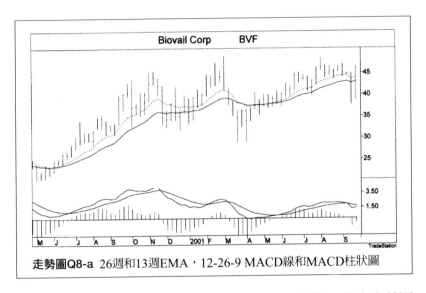

走勢圖Q8-a 26週和13週EMA，12-26-9 MACD線和MACD柱狀圖

　　在週線圖和日線圖上，至少標示兩個交易訊號，並在走勢圖的右緣做出交易決定。在記下你的決定前，不要翻過此頁，或翻看「答案」頁。

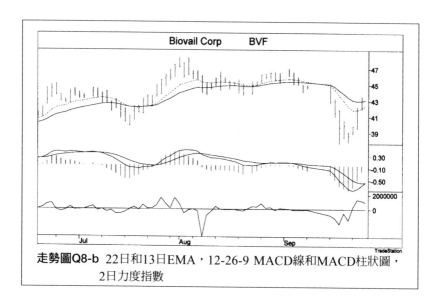

走勢圖Q8-b 22日和13日EMA，12-26-9 MACD線和MACD柱狀圖，
　　　　2日力度指數

交易8：拜維爾藥廠 BVF—出場問題

如同前面的做法，用紙蓋住走勢圖，從左向右移動，一次以一根條柱為單位。試著找出進場點、出場點和再進場點，一一標示出來，並簡短寫下一些看法。走完整張走勢圖之後，翻開「答案」頁。

我們在9月份箭頭標示處，價格跨越EMAs時作多。繼續一次一天追蹤BVF，找出應在什麼地方獲利了結或者再次建立多頭部位。

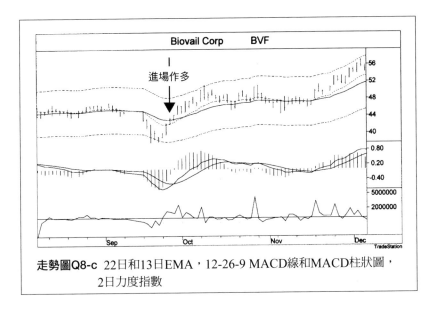

走勢圖Q8-c 22日和13日EMA，12-26-9 MACD線和MACD柱狀圖，
2日力度指數

PART 4
讓我們來交易：
答案和評分

交易1：甲骨文 ORCL—進場答案

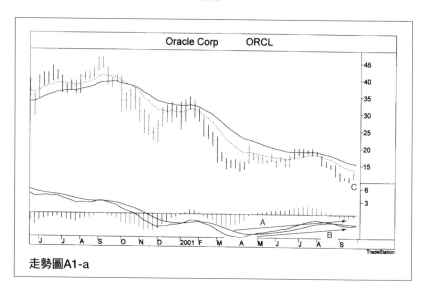

走勢圖A1-a

折翼的天使準備再次飛翔

　　科技股的多頭市場於2000年結束後，可怕的空頭市場接踵而至。許多體質孱弱的公司下市，最後破產，但很多經營不錯的公司股價也遭到波及。甲骨文是美國表現優異的科技公司之一，不像那些愚不可及的達康公司。然而它的股價也從2000年的高點46美元，跌到2001年的低點10美元，跌幅高達80%左右。

　　2001年10月初，儘管價格形成愈來愈低的底部，週線圖的MACD柱狀圖卻從墊高的底部走強，遠高於5月間的底部，而完成多頭背離。短期的13週EMA走平。儘管比較長期的26週EMA繼續下滑，MACD柱狀圖形成的多頭背離，允許我們忽略

EMA的訊號。

日線圖上出現了兩次多頭背離。MACD柱狀圖不斷形成愈來愈淺的底部，表示雖然價格愈來愈低，空頭力量卻變得愈來愈弱。力度指數出現更淺的底部，確認了空頭正在失去動力。

9月的走勢有一段空白，那是911事件發生之後，市場關閉一週。市場再次開盤後，許多股票像倒栽蔥似地下跌，但甲骨文只是在新低點附近徘徊幾天，便開始上漲。在這一波漲勢中，力度指數上升到6月以來的最高點，證實這檔股票賣壓出盡，空頭已無更多力量，接下來的走勢可能上漲。

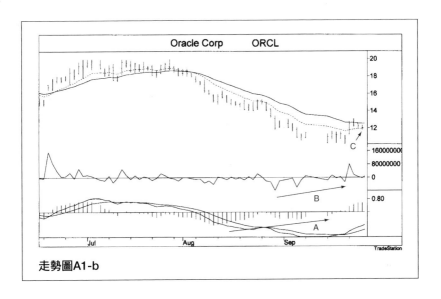

走勢圖A1-b

進場評分

週線圖

A—MACD柱狀圖多頭背離：1分

B—MACD線多頭背離：1分

C—價格位於EMA之下的價值低估區：1分

日線圖

A—MACD柱狀圖多頭背離：1分

B—力度指數多頭背離：1分

C—13日EMA上升，價格位於短期EMA和長期EMA之間的價值區：1分

決定

作多ORCL，停損設在當月低點之下，並遵守資金管理準則：3分。

及格分：6分

交易1：甲骨文 ORCL—出場答案

這檔股票沒有浪費什麼時間，立刻漲到移動平均線上方。但它未能觸及上通道線，表示這波漲勢不可能十分強勁。畫這條通道時，包含了9月份下跌的資料，那時的跌勢都穿越下通道線。現在，價格未能升抵上通道線，表示這波漲勢力道薄弱，有利潤的話應該趕緊落袋，不要期待賺更多。只有在強勁的漲勢中才可以等待。

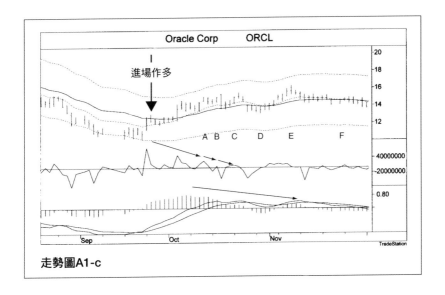

走勢圖A1-c

在A點，力度指數完成了三重空頭背離——在三個愈來愈高的價格頭部出現時，力度指數的頭部卻愈來愈低。價格還是未能觸及上通道線，這是獲利了結的好地方，不妨將錢和注意力投向別處。B點背離加劇，C點響最後一次鈴，因為力度指數自漲勢開始以來，第一次大幅下探之後，升到中央線之上。

在C點，持有多頭部位過久，必須忍受價格跌到EMA之下的煎熬。D點下跌，事實上創造了另一次的買進機會，隨後MACD柱狀圖在E區出現一個空頭背離——價格漲到更高的頭部時，指標的頭部較低。

錯過出場點E的交易人，在F區還有最後一次機會，此時EMA轉而向下，尖叫著要你賣出。錯過這一點，繼續抱牢多頭

部位,絕對會賠錢。

出場評分

日線圖A1-c

在A點軋平多頭部位:3分

在B點軋平多頭部位:2分

在C點軋平多頭部位:2分

在D點再次建立多頭部位:2分

在E點軋平多頭部位:3分

在F點軋平多頭部位:1分

及格分:7分

　　為什麼有些賭場,會給待在賭桌較長時間的玩家獎金?因為他們知道,你待得愈久,愈有可能將錢留在賭場中。最好的交易人行動迅速。你要在無秩序的海洋中,發現一座秩序之島,下單抓住它,儘快將獲利落袋,然後再找下一個交易機會。市場沒有完美的出場點,但大體而言,迅速出場比拖拖拉拉要好。

交易2：昇陽 SUNW─進場答案

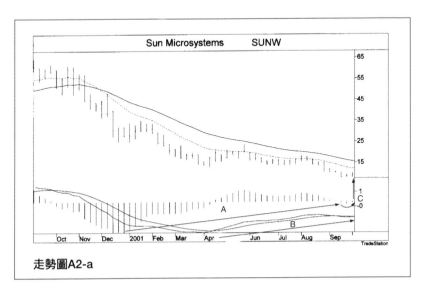

走勢圖A2-a

跳樓大拍賣

　　這是另一檔「折翼的天使」，也就是受到高科技股空頭市場拖累的一檔高價股。許多可憐人急著在65美元搶進，卻很少有人在它跌到7.5美元低點時買進。條柱的平均高度反映交易的熱絡程度。當股價高於60美元，條柱的高度遠遠大於10美元以下，反映了交易大眾在股價接近頭部時，對它興趣濃厚，而在跌到底部時，對它興趣缺缺。

　　在週線圖的右緣，雖然價格跌得更低，MACD柱狀圖卻已完成一個多頭背離A。MACD柱狀圖2001年形成的底部，遠比2000年的底部淺，而且上揚。更有甚者，在4月和9月的底部之

間，出現了罕見的MACD線背離B。在C區，價值低估，價格跌到EMA之下，而MACD柱狀圖的最近一根條柱雖然指向下，卻比前一根條柱短。這一個上跳動作，完成了多頭背離，告訴我們應在日線圖上尋找作多的進場點。

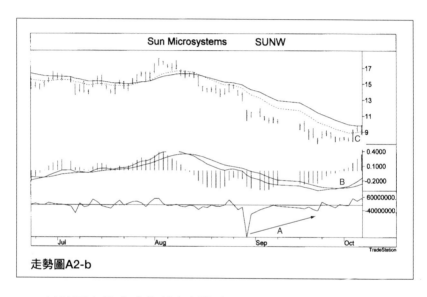

走勢圖A2-b

　　日線圖上的力度指數和價格之間，形成了一個多頭背離A，反映出空頭在9月底的低點已露出疲態。在B區，MACD柱狀圖和MACD線同時上揚，證實了多頭力量的強度。在圖表右緣的C區，短期EMA已經上揚，這是後市看漲的訊號。長期EMA繼續走平，價格處於兩條EMA之間的價值區。

進場評分

週線圖

A—MACD柱狀圖多頭背離：1分

B—MACD線多頭背離：1分

C—價格位於EMA之下的價值低估區：1分

日線圖

A—力度指數多頭背離：1分

B—MACD柱狀圖和MACD線上揚：1分

C—13日EMA上升，價格位於短期和長期EMA之間的價值區：
1分

決定

作多SUNW，到價出場點設在當月的低點之下，遵守資金管理
準則：3分。

及格分：6分

交易2：昇陽 SUNW—出場答案

　　一般來說，在長期的移動平均線上下構築包絡線或通道，用
通道牆來做為獲利了結的指引，對交易人有幫助。價格傾向於在
價值上下方波動，是少數幾個證明確實存在的市場行為之一。如
果我們在移動平均線附近，也就是靠近價值的地方買進，那麼設
定的目標應該是當股票或商品的價值高估，也就是價格接近上通
道線時賣出。

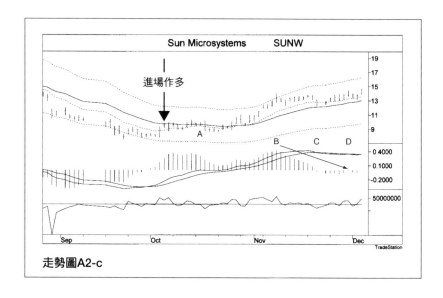

走勢圖A2-c

SUNW的第一個賣出機會是在A區。這檔股票橫向盤整一個多星期，股價跨在它的移動平均線上。我們應該給這檔股票多一點時間，還是將部位軋平，另尋其他機會？如果你的帳戶金額不大，很重要的一點是把資金釋放出來。就算是金額較大的帳戶，不漲不跌的股票鎖住的不只是資金，也會消耗交易人的注意力，將他的心思從更看好的其他交易中移開，就像家中生病的孩子需要耗費家人很大的心力。

如果我們繼續持有部位，SUNW在B區出現絕佳的賣出機會。價格快速上衝，以少見的長條柱穿越上通道線，但接近收盤時力道減弱，收盤價格落在通道中。我們的目標是在股價高於價值時賣出，而上穿上通道線的表現顯示市場價值高估，但無法留

在那一個水準。第二天MACD柱狀圖走疲，證實多頭力量衰竭。

感恩節前後，一次快速下探，價格進入兩條EMA之間（C區），製造了買進機會，因為週線圖還處於上升趨勢。在D區，SUNW形成雙重頂，MACD柱狀圖則形成空頭背離，發出強烈的賣出訊號。價格無力達到上通道線，MACD柱狀圖與價格背離，甚至MACD線也開始背離。交易人沒有理由再繼續持有，應該獲利了結，將注意力轉移到其他股票。

出場評分

日線圖A2-c

在A區軋平多頭部位：3分

在B區軋平多頭部位：5分

在C區再次建立多頭部位：3分

在D區軋平多頭部位：3分

及格分：8分

交易3：克洛爾 KROL—進場答案

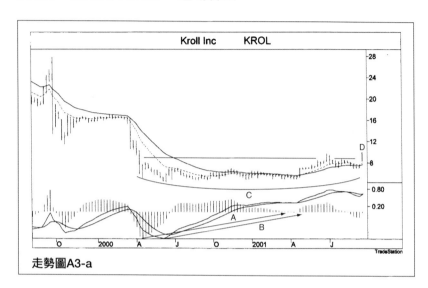

走勢圖A3-a

保全急先鋒

　　從這筆交易，可以看出基本面分析的重要性，以及人脈網的價值。911事件過後不久，訓練營的一群學員聚在我的曼哈頓公寓，舉行每月例會。大家都同意，未來幾個月的投資／交易題材可能是「維安」，於是我請一位學員提供所有維安保全相關公司的完整名單。我用三螢幕系統逐一研究每家公司，克洛爾似乎是名單上最具吸引力的股票。我將分析結果用電子郵件發給參加聚會的每一個成員。

　　克洛爾是一家國際化的企業保全公司。1999年，它的股價在41美元之上，2000年因為展開一些不明智的併購行動，股價

滑落到5美元之下。2001年，賣盤似乎完全出清，週線圖狹幅浮沉，走勢乏善可陳。MACD柱狀圖和MACD線在A和B處形成多頭背離，價格在C處形成稱作「碟形底」的圓底，在D處出現突破。

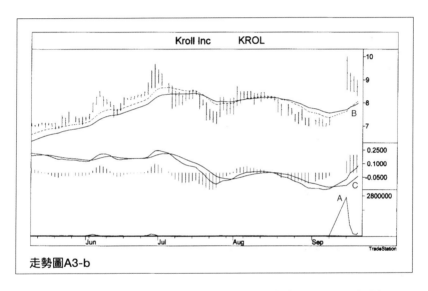

走勢圖A3-b

9月份恢復交易後，日線圖立刻向上跳空，隨後短暫拉回。力度指數形成巨大的波峰，使得它以前的整條曲線變成一條很平的線，顯示多頭力量強大，後市看漲。在走勢圖的右緣，兩條移動平均線同時上升——這是看漲訊號。MACD柱狀圖和MACD線也在上升，確認多頭氣盛。

進場評分

週線圖

A—MACD柱狀圖多頭背離：1分

B—MACD線多頭背離：1分

C—價格低於EMA，處於價值低估區：1分

D—突破：1分

日線圖

A—力度指數出現向上波峰：1分

B—上升的13日和22日EMA：1分

C—上升的MACD柱狀圖和MACD線：1分

決定

作多KROL，到價出場點下在向上跳空的上緣，並遵守資金管理準則：3分

或者，等待日線圖上的低點觸及短期EMA時再買進，並每天調整買單：3分

我們會考慮在高價位買進KROL，是因為市場突然經歷巨大的基本面變化。

及格分：7分

交易3：克洛爾 KROL──出場答案

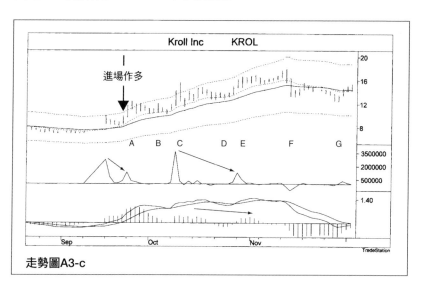

走勢圖A3-c

　　KROL的第一個賣出訊號出現於A區，這時股價穿越上通道線，而力度指數形成空頭背離。B區有一個絕佳的再進場點，因為KROL的價格回到短期EMA。我們需要每天計算這個EMA值，估算它明天的值，並將買單下在那裡。

　　C區的漲勢給我們一個選擇──在包絡線上方獲利了結，或繼續持有，因為力度指數在C區形成的峰頂高於它在A區形成的峰頂。當多頭力量隨著價格上漲愈來愈強時，它告訴我們價格可能漲得更高。

　　D區的價格拉回到EMA，提供再次建立多頭部位，或是現有部位加碼經營的好機會。E區的漲勢製造了多頭部位出場的最

佳機會──C-E的力度指數空頭背離，顯示多頭力竭；價格未能觸及上通道線，證實了這一訊號。MACD柱狀圖也與力度指數同步，形成空頭背離。多頭盛宴已經結束，鈴聲響起，警告你上漲趨勢準備反轉。

　　F區的急跌必定觸發了所有合理的停損單或利潤保護單。兩條EMA在G區同時下滑，尖叫著要你賣出。但這個出場點純粹是為交易新手準備的，因為他們傻裡傻氣地錯過了先前獲利高得多的出場點。

出場評分

日線圖A3-c

在A區軋平多頭部位：3分

在A區繼續抱牢多頭部位：3分

在B區多頭部位加碼經營：3分

在C區軋平多頭部位：3分

在C區繼續抱牢多頭部位：3分

在D區多頭部位加碼經營：3分

在E區軋平多頭部位：5分

在F區軋平多頭部位：1分

在G區軋平多頭部位：1分

及格分：13分

交易4：英克隆IMCL—進場答案

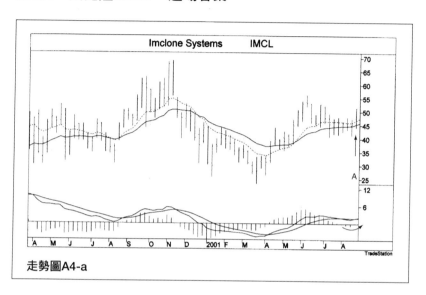

走勢圖A4-a

大盤重挫中逆流而上

　　三螢幕交易系統的一個關鍵原則，是在長期走勢圖做戰略決定，然後轉到短期走勢圖，做進場和出場的戰術決定。IMCL的週線圖顯示一連串緩慢而穩定的波動，每次持續數個月。如果我們能與上漲波段保持一致，就應該在上升趨勢持續期間作多；如果與下跌波段保持一致，就能在下跌走勢持續期間繼續放空。

　　在週線圖的右緣A區，兩條EMA轉為上升，發出買進訊號。在此同時，MACD柱狀圖已開始走強，強化了多頭訊號（這是一個脈衝系統的買進訊號——EMA和MACD柱狀圖同時向上）。

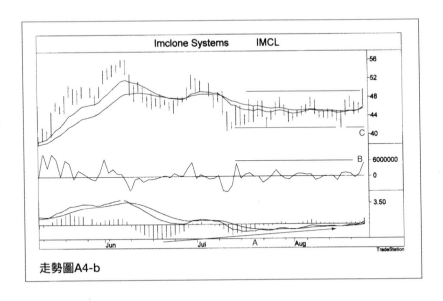

走勢圖A4-b

IMCL在過去兩個月橫向盤整。MACD柱狀圖的底部變淺，表示空頭力量減弱。在此同時，多頭繼續維持原來的力量——MACD柱狀圖在中央線之上的漲勢，都上升到兩個月來的同樣高度。接近走勢圖右緣的地方，隨著價格向阻力區挺進，力度指數上升到數個月來的新高，證實多頭力量強大。價格同時穿越阻力線，並收在那個水準之上。這一突破，將阻力變成支撐，可能在日後形成任何跌勢的底部。

進場評分

週線圖

A一MACD柱狀圖走強：1分

A一兩條移動平均線同時走強：1分

日線圖

A一MACD柱狀圖走強：1分

B一力度指數新高：1分

C一突破阻力線：1分

決定

作多IMCL，到價出場點設在前一天的低點下方，遵守資金管理準則：3分

或者，等到日線圖的條柱低點觸及短期EMA時買進；每天不斷調整買單：3分

及格分：6分

交易4：英克隆 IMCL一出場答案

距進場僅僅兩天，A點就提供了獲利了結的機會。價格穿越到通道之外，形成超買狀況，這是賣出機會。隨後的跌勢，將IMCL帶進「甜蜜區」——短期EMA和長期EMA之間的價值區。

9月份出現一個窗口——911恐怖攻擊之後，市場暫停交易。市場重新開盤後，大多數股票重跌，但IMCL沒有。兩天之

後，力度指數上升，形成一個巨大波峰，顯示蓄積的買盤大量湧出。當一檔股票反市場趨勢而走，無異於發出強烈訊號，表示不管遇到什麼阻力，也要走自己的路。

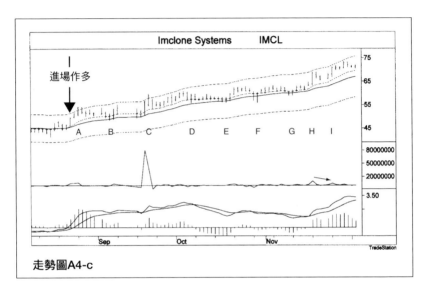

走勢圖A4-c

在C區需要做個決定：要在包絡線上方獲利了結，還是繼續抱牢部位。力度指數走出巨大的波峰C，預示價格可能漲得更高，因為隨著價格上漲，多頭力量增強。

如果你已賣出，D區提供了新的買進機會，這時它跌到短期EMA之下。E區的買進機會更好：波動減弱，價格在兩條EMA之間的價值區盤桓數日，然後展開新的漲勢。

這波漲勢，以及接下來從底部F起漲的另一波漲勢，都有氣無力。雖然繼續上漲，但已失去力量。漲勢H接觸到上通道線

時，提供獲利了結的機會。I區有最後一個不錯的出場點，這時力度指數形成空頭背離，高叫著要你賣出。

出場評分

日線圖A4-c

在A區軋平多頭部位：3分

在A區抱牢多頭部位：3分

在B區多頭部位加碼經營：3分

在C區軋平多頭部位：3分

在D區多頭部位加碼經營：3分

在E區多頭部位加碼經營：3分

在F區多頭部位加碼經營：1分

在G區多頭部位加碼經營：1分

在H區軋平多頭部位：3分

在I區軋平多頭部位：3分

及格分：14分

交易5：小麥——進場答案

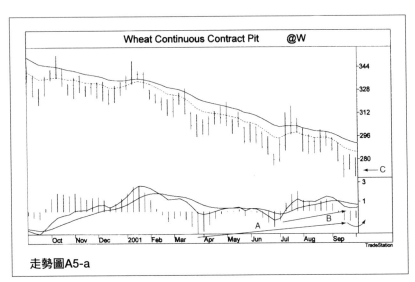

走勢圖A5-a

民以食為天

商品是經濟不可或缺的要素。沒有人真的需要亞馬遜公司（amazon.com）的股票——用它來投機也許不錯，但如果AMZN消失，還會有別人來賣書，我們也會找到別的東西來交易。相反的，少了小麥、棉花、白糖和其他商品，我們就無法過正常生活。

由於商品合約每過幾個月就到期，我們需要用永久或連續的合約，去分析長期的週線圖。這些連續合約是利用數學方法，將相鄰的實際合約結合起來。我們用實際的合約來研究日線圖。

在週線圖的右緣，小麥價格顯然處於多年空頭市場的尾

部——已經跌到十多年以來的最低價格。兩條EMA都在下跌，但MACD柱狀圖發出可以否定EMA訊息的唯一訊號——指標和價格之間出現多頭背離。MACD線也出現多頭背離，這在週線圖上難得一見。

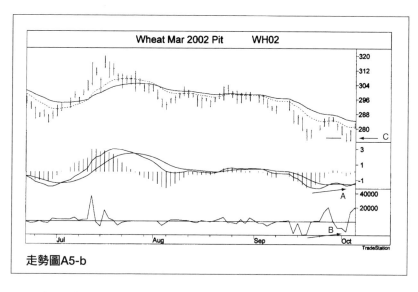

走勢圖A5-b

在日線圖的右緣，小麥剛穿越一週前在9月初創下的歷史新低。但小麥價格沒有繼續下挫，反而走強。MACD柱狀圖和MACD線，以及力度指數，都形成多頭背離，即價格底部愈跌愈低，指標底部卻愈墊愈高。這是絕佳的買進機會，但將停損點設在最近低點的下方不遠處。

進場評分

週線圖

A—MACD柱狀圖多頭背離：1分

B—MACD線多頭背離：1分

C—價格低於價值，落到兩條移動平均線下方：1分

日線圖

A—MACD柱狀圖多頭背離：1分

A—MACD線多頭背離：1分

B—力度指數多頭背離：1分

C—假向下突破：1分

決定

作多小麥，停損點設在當週低點下方，並遵守資金管理準則：3分。

及格分：7分

交易5：小麥—出場答案

　　小麥從多年來的低點緩緩蓄積動力，開始上漲。它的日區間很窄，價格沒有遠離EMA太遠。緩慢的漲勢往往比瘋狂的漲勢更能持久。不過，A區會讓人忍不住想獲利了結，因為價格離開移動平均線相當遠。

　　B區提供了重新建立多頭部位或多頭部位加碼經營的好機會，因為小麥價格下探兩條EMA之間的價值區。認真的交易人

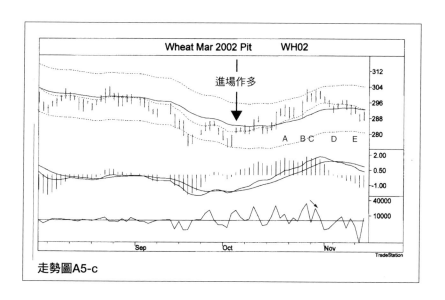

走勢圖A5-c

每天計算EMA、預估下一天的EMA，再將買單下在那裡。

　　小麥價格在B區觸及EMA之後，激漲到C區，提供了絕佳的獲利了結機會。價格衝破通道，進入價值高估區，力度指數同時形成空頭背離，顯示價格只是因為慣性而上漲，多頭已失去動力。

　　價格在D區又跌回EMA，引誘交易人再次建立多頭部位；可是股價不漲反跌，觸發到價出場單。在E區，兩條EMA轉而向下，一起否定買進訊號。這宣告了小麥的多頭行情暫時告一段落。

　　沒有人能確切知道未來，我們所能做的一切只是按概率行事，在EMA上升時買進，並在達到上通道線附近獲利了結，同

時用到價出場單來保護部位。我們只能往交易的方向移動到價出場點，絕對不能反向移動。

出場評分

日線圖A5-c

在A區軋平多頭部位：3分

在B區多頭部位加碼經營：3分

在C區軋平多頭部位：5分

在D區多頭部位加碼經營：3分

在E區取消買單和出清所有多頭部位：3分

及格分：9分

交易6：Vimpel 通訊 VIP—進場答案

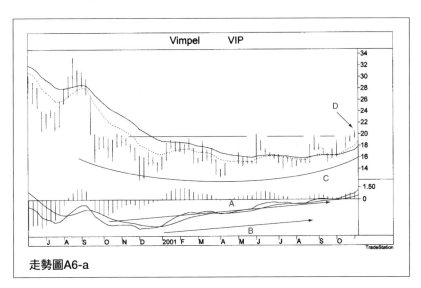

走勢圖A6-a

從盧布到美元

　　因為人性相近，所以我們可以將技術面分析應用到所有國家的市場。文明的分化，使人們表面上看起來不同，但在表層底下，都有相同的思路。不管文化多麼不同，當感受到壓力，行為型態都極為類似。技術面分析能抓住人處於壓力下的行為。如果你不知道VIP是俄羅斯股票，你會像看待清單上任何一檔股票那樣去分析它。

　　VIP首次上市時價格接近30美元，之後兩度上攻60，2000–2001年遭逢空頭市場跟著下挫。價格跌到20美元以下後，幾個技術面型態開始浮現，最後在走勢圖右緣形成交易訊號。

MACD柱狀圖出現一個長線的多頭背離A，緊接著MACD線也形成多頭背離B。價格形成「碟形底」，支撐所有的跌勢；也有一個水平頭部，擋住所有漲勢。最後，價格在D點衝破阻力。EMA、MACD柱狀圖和MACD線都在那一點走強。

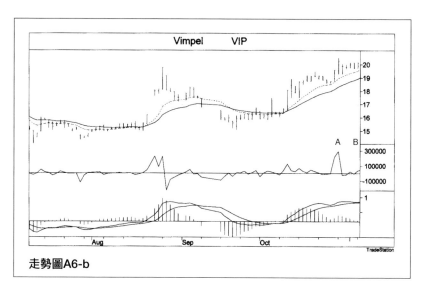

走勢圖A6-b

在日線圖右緣，VIP攻上8月的高點，並守住那個價位，拒絕下跌。價格突破得到力度指數高點A的確認；力度指數升抵數個月來的最高水準，預示後市看漲。我們可以把MACD柱狀圖的型態說成是空頭背離嗎？不可以，因為兩個高點之間沒有下降到中央線之下──這只是一個強力的寬頭部。在B點，兩條EMA同時上升，證實多頭力量強大。

進場評分

週線圖

A—MACD柱狀圖多頭背離：1分

B—MACD線多頭背離：1分

C—碟形底：1分

D—向上突破，並得到上升EMA、MACD柱狀圖和MACD線的
　　證實：1分

日線圖

A—力度指數創新高：1分

B—EMA上升：1分

決定

在短期EMA處作多VIP，到價出場點設在本週的低點下方，並
遵守資金管理準則：3分

及格分：6分

交易6：Vimpel 通訊 VIP—出場答案

　　VIP開始緩慢上漲，又拉回到它的EMA處，為交易人提供在
價值附近作多的機會。VIP蓄積衝力，在A區觸及它的上通道線，
力度指數也上升到幾個月來最高點。這是多頭力量強大的訊號，
顯示後市可能漲得更高。有了這個高點，交易人忍不住想要抱牢
部位，不顧可能出現的跌勢。當然，先賣出持股，等到價格跌回
短期EMA的價值區附近，再建立多頭部位，也是不錯的做法。

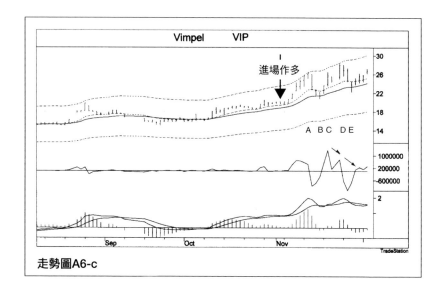

走勢圖A6-c

　　在B區，VIP下降到兩條EMA之間的「甜蜜區」；日區間縮小，因為較低的價格未能吸引交易人注意。價格在C區上衝，未能觸及上通道線便拉回。D區的下一波漲勢提供了絕佳的賣出機會，價格觸及上通道線的價值高估區。在此同時，一直預示價格會愈漲愈高的力度指數，在C-D形成空頭背離，可見多頭正失去動力，漲勢即將作頭。

　　價格在E區下探到長期EMA下方，提供另一次買進機會，之後發起新一輪的漲勢。專業交易人和業餘交易人的一個重要區別，是專業交易人能在訊號出現之初、還模糊不清時就能將其辨別，業餘交易人則一直等候清晰明確的訊號。但是，當這種訊號出現時，交易已經要反轉了。

　　風險分兩大類：資金風險和資訊風險。業餘交易人進入相當明確的趨勢時，會很快接受資金風險，到價出場點設在很遠的位置。此時趨勢相當清楚，資訊風險低。專業交易人恰好相反，只要資金風險低，他們遠比業餘交易人能坦然面對資訊風險，在不確定的氛圍中採取行動。

出場評分

日線圖A6-c

在A區軋平多頭部位：3分

在B區多頭部位加碼經營：3分

在C區軋平多頭部位：3分

在D區軋平多頭部位：5分

在E區作多：3分

及格分：9分

交易7：IBM公司 IBM—進場答案

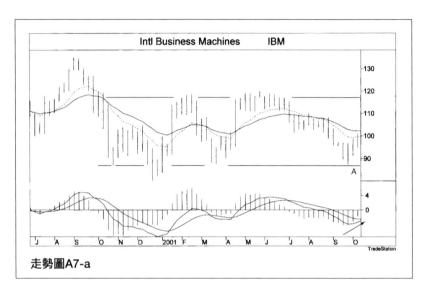

走勢圖A7-a

從大藍到常青

就算很快看一眼這張走勢圖，也能看出IBM幾年來的價格在寬廣的箱形區內浮沉。每當它跌到90美元之下，就要留意底部出現，每當攻向120，就要留意形成頭部。

在走勢圖的右緣A區，IBM從支撐線彈回往上走。這個漲勢，得到了週MACD柱狀圖走強的證實。請注意多頭背離沒有出現，只是價格和指標反轉向上。短期EMA已經轉而向上，證實行情上揚，並發出脈衝式買進訊號，長期EMA則走平，這是上漲行情展開之初的正常表現。

紐約證交所9月份暫停交易後，IBM的日線圖顯示波動加

劇。到了月底，力度指數形成多頭背離A，即價格底部進一步走低，指標卻出現較淺的底部。力度指數在B區出現新高，預示價格將漲得更高；這個訊息得到C區MACD上揚的確認。兩條EMA在走勢圖右緣的D區同時止跌回升，進一步確認上升趨勢。最後一根日條柱的最低價，觸及兩條EMA所代表的價值區。

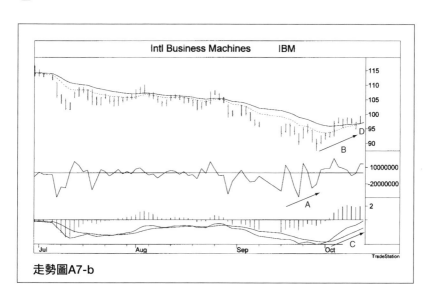

走勢圖A7-b

進場評分

週線圖

A—MACD柱狀圖上升趨勢：1分

A一短期EMA上升，證實價格走上升趨勢：1分

日線圖

A一力度指數多頭背離：1分

B一力度指數歷史新高：1分

C一MACD上升趨勢：1分

D一兩條EMA雙雙上揚：1分

決定

在短期EMA處作多IBM，到價出場點設在當週低點下方，並遵守資金管理準則：3分。

及格分：6分

交易7：IBM公司 IBM一出場答案

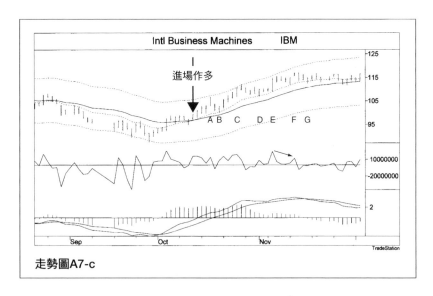

走勢圖A7-c

　　IBM是一支典型的藍籌股，股價波動緩慢而穩定，不像許多「阿貓阿狗股」那樣大起大落。反應速度較慢的22日EMA傾斜方向，用於追蹤趨勢，而速度較快的13日EMA，則用以尋找進場的價值水準。

　　IBM在A點漲到上通道線附近，提供了許多賣出機會中的第一個。兩天後，價格回軟，觸及短期EMA。如果你錯過第一個買進訊號，價格拉回價值區時，提供了另一次絕佳的買進機會。持有大部位、經驗豐富的專業交易人，往往趁價格拉回時，進行金字塔操作。他們加碼經營原來的部位，擴大規模，直到出現特別強的出場訊號，才軋平整個部位。

　　C區出現的漲勢，提供另一個獲利了結的機會。此時價格觸及上通道線的價值高估區。這一波漲勢後，緊跟著出現跌向EMA的走勢（D區），又有一個作多機會。這是操作藍籌股波段走勢的美妙之處。你要做的事，就只是尋找展現規律性波段的股票、微調EMA和通道，然後開始在價值區買進、在價值高估區賣出，或者在價值區放空、在價值低估區回補。

　　IBM漲到E區，但未能觸及上通道線，這是多頭力量減弱的跡象。如果你錯過了這個賣出訊號，幾天後的F區發出更響的鈴聲——再次上漲，未能觸及上通道線，多頭顯露疲態。在此同時，力度指數在E-F形成空頭背離，預示後市走軟。這是專業交易人等待的強大賣出訊號，之後他們就會出清整個部位。

　　IBM在靠近EMA的G區，又提供一次作多機會，但是否應

該接受這個訊號,非常值得商榷。趨勢仍然向上,但出現空頭背離之後,這麼快就作多,恐怕不是好主意,因為價格預料會跌得更低。在這個點之後,IBM股價走平,交易人的資金套牢,更糟糕的是占據了他的注意力,若把這些注意力用於其他股票,可能帶來更多利潤。

出場評分

日線圖A7-c

在A區軋平多頭部位:3分

在B區多頭部位加碼經營:3分

在C區軋平多頭部位:3分

在D區多頭部位加碼經營:3分

在E區軋平多頭部位:3分

在F區軋平多頭部位:5分

在G區多頭部位加碼經營:1分

及格分:11分

交易8：拜維爾藥廠 BVF—進場答案

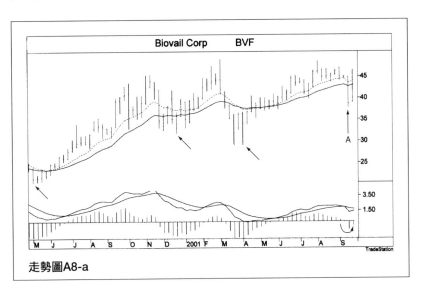

走勢圖A8-a

多頭走勢遭重跌打斷

　　這張走勢圖顯示BVF獨自展開多頭走勢。當大多數股票還在廣大的空頭市場中浮沉，這檔股票卻從走勢圖的左下角走到右上角。上升趨勢偶爾被迅猛的跌勢打斷，幾星期內造成的傷害，足以使幾個月來的獲利消失一空。

　　對於比較晚加入這一多頭盛宴的交易新手來說，每次這種下跌行情，都可能造成災難。熟悉過去的專業交易人，比較有可能將這種跌勢看做買進機會。他也可能格外小心地下到價出場點，保護自己不受行情突然下跌的傷害。

　　在走勢圖右緣的A區，BVF已經收復911後的失土。它已將

意志不堅的多頭清洗出場，準備恢復上升趨勢。上漲行情得到週線圖MACD柱狀圖走強，以及兩條週線圖EMA上揚的確認。

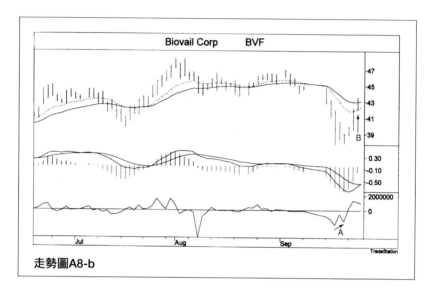

走勢圖A8-b

　　BVF的日線圖顯示911暫停交易後，向下的波動幅度加大。價格跌破7月份的低點，但沒有進一步走軟，這是後市看漲的訊號。一週內，一個更強的多頭訊號出現——力度指數正背離。雖然價格繼續探底，跌到39美元以下，力度指數的第二個低點卻較淺。止跌回升的漲勢很猛，在走勢圖的右緣將兩條EMA的走向同時轉為向上——又一個多頭訊號。

進場評分

週線圖

A－MACD柱狀圖走強：1分

A－上升趨勢得到兩條EMA上揚的確認：1分

日線圖

A－力度指數多頭背離：1分

B－EMA上升：1分

決定

在靠近短期EMA處作多BVF，將到價出場點設在當週低點下方，遵守資金管理準則：3分

及格分：5分

交易8：拜維爾藥廠 BVF—出場答案

　　BVF股價在9月份扶搖直上，一直漲到觸及獲利了結區的上通道線，但力度指數在A區形成空頭背離。請注意幾天前出現一個較不明顯的背離。當交易新手面對這樣的型態，最好趁早獲利了結，而較有經驗的交易人可以選擇繼續持有。交易人在早期學習階段，很重要的一步是學會獲利了結後，不去責怪自己太早出場，沒有賺到後段利潤。持有部位以獲取最大利潤這一課，最好放到後面再學。

　　這檔股票在B區跌到長期EMA之下，提供了價格低於價值的買進機會。之後，在C區再次上漲，儘管價格未能觸及上通道

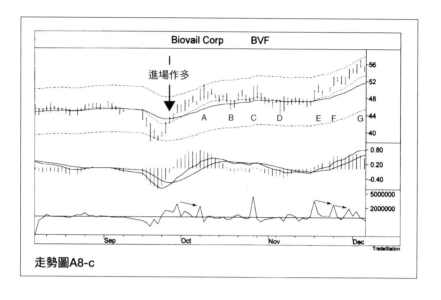

走勢圖A8-c

線，極高的力度指數峰值卻顯示多頭力量強大，預示價格還會漲
得更高。如果你在C區獲利了結，那算不錯；如果決定繼續持
有，更好，因為力度指數的峰值極高，表示多頭力量很強，可能
出現更高價格。

　　BVF在D區跌到它的EMA之下──請注意它反覆穿越EMA
的走勢。一旦你認清這樣的型態，就將買單下在過去下穿EMA
的平均深度之處。

　　BVF在E、F和G處再次上漲。這些漲勢沒有一次達到上通
道線，反映出多頭力量薄弱。在此同時，力度指數開始形成愈來
愈低的高點。這些空頭背離顯示頭部不遠。回顧力度指數在C區
創下的新高點──反映了多頭力量強大，預示價格會漲得更高。

這個預期已經變為現實，在F和G區，力度指數正發出相反的訊息——頭部已經出現。好的技術面指標就像車子的前照燈，不能照亮回家的整條路，只照亮前方夠長的一段距離，但只要你以合理的速度行駛，就看得清下一個彎道。

出場評分

日線圖A8-c

在A區軋平多頭部位：5分

在B區多頭部位加碼經營：3分

在C區軋平多頭部位：3分

在D區多頭部位加碼經營：3分

在E區軋平多頭部位：3分

在F區軋平多頭部位：5分

在G區軋平多頭部位：3

及格分：13分

前方的路

你可以學會交易。首先，你需要一些基本技能——自律、承受風險，以及基本算術。你需要知識，這可以透過努力學習而獲得。做完這本練習本，你已經證明自己擁有成為成功交易人的要件。

現在，該花時間和精力展開你的交易大業。請設計一套紀錄保存系統、建立資金管理準則，並寫下你的交易計畫。這需要做很多事，但許多人會發現交易是極有趣的挑戰。做得對的話，報酬不容小覷。

設計這些練習的過程，讓我樂在其中。來到我交易人訓練營的學員，比別人早學到我介紹的方法、做練習本的測驗，並發表評論。我還想要感謝兩個人，他們放下自己手上的事，幫我完成本書。一位是弗雷德‧舒茨曼（Fred Schutzman），他是在紐約工作的技術面分析師和基金經理，也是我很要好的老朋友。他做了每道測驗、為自己的表現評分，並指出其中幾個問題和答案的遣詞用字需要修正、重新安排或釐清意思。談到分析和交易，舒茨曼不能容忍稍有瑕疵。另一位是我的大女兒米瑞安，她是新聞從業人員，正在巴黎攻讀研究所課程，她用紅筆修改我的英

文。英文是我的第三種語言，這個小女孩（其實不小了）負責改正當年在她床邊唸《小火車做到了》（*The Little Engine That Could*）的老爸寫的英文稿子。

你已經做完本書測驗，但闔上它並不等於必須說再見。如果我繼續開辦交易人訓練營，你可以來和我們度過一週，一起學習和交易。我期待聽到你的發現和想法，也會與你分享我的拙見。現在我要回到我的交易室去了，也祝你在自己的交易室中成功。

關於作者

艾爾德醫學博士是專業交易人，住在紐約，著有《操作生涯不是夢》和《操作生涯不是夢學習手冊》。這套書被交易人視為現代經典之作，首次出版於1993年，暢銷國際市場，有華語、荷蘭語、法語、德語、希臘語、日語、韓語、波蘭語和俄語等譯本。他並著有《從盧布到美元》（*Rubles to Dollars*）一書，描述俄羅斯的轉型。

艾爾德博士生於列寧格勒，在愛沙尼亞長大，16歲進當地醫學院就讀。23歲擔任隨船醫生時，在非洲從一艘蘇聯船隻跳船，獲得美國政治庇護。他曾在紐約擔任心理醫生，也曾在哥倫比亞大學授課。心理醫生的經歷，使他對交易心理有獨到見解。艾爾德博士的著作、文章和軟體評論，使他成為當今頂尖的交易專家之一。

艾爾德博士是深受各種會議歡迎的演講者，也是交易人訓練營的創辦人。這個訓練營為交易人提供長達一週的學習課程。歡迎讀者免費訂閱他的電子報：

Financial Trading, Inc.
P.O. Box 20555, Columbus Circle Station
New York, NY 10023, USA
Tel. 718-507-1033; fax 718-639-8889
e-mail: info@elder.com
website: www.elder.com

國家圖書館出版品預行編目資料

走進我的交易室：股市贏家交易全攻略練習本／亞歷
山大‧艾爾德作；羅耀宗譯．-- 二版．-- 新北市：
大牌出版：遠足文化發行, 2015.06
　面；　公分
譯自：Study guide for come into my trading room：
a complete guide to trading
ISBN 978-986-5797-42-3（平裝）

1. 投資 2. 問題集

563.5022　　　　　　　　　　　　104005982

走進我的交易室：股市贏家交易全攻略練習本
Study Guide for Come into My Trading Room：A Complete Guide to Trading

作　　　者	亞歷山大‧艾爾德	
譯　　　者	羅耀宗	
主　　　編	李映慧	
總 編 輯	陳旭華	
電　　　郵	ymal@ms14.hinet.net	
社　　　長	郭重興	
發行人兼 出版總監	曾大福	
出　　　版	大牌出版／遠足文化事業股份有限公司	
發　　　行	遠足文化事業股份有限公司	
地　　　址	23141 新北市新店區民權路108-2號9樓	
電　　　話	+886- 2- 2218 1417	
傳　　　真	+886- 2- 8667 1851	
印務主任	黃禮賢	
排　　　版	黃雅藍	
印　　　製	成陽印刷股份有限公司	
法律顧問	華洋法律事務所　蘇文生律師	
定　　　價	280元	
初版一刷	2012年8月	
二版一刷	2015年6月	

有著作權 侵害必究（缺頁或破損請寄回更換）